DIREZIONE
PE' VIAGGIATORI IN ITALIA
COLLA NOTIZIA
DI TUTTE LE POSTE,
E LORO PREZZI.
QUARTA EDIZIONE
Ricorretta nelle Poste cambiate, ed accresciuta
dopo la prima.

Dedicato al Nobilissimo Cavaliere

IL SIGNOR MARCHESE
GIUSEPPE ZAGNONI.

IN BOLOGNA MDCCLXXV.

Per Gio: Battista Sassi. Con premissione.

DIRECTION

POUR LES VOIAGEURS EN ITALIE

AVEC LA NOTICE
DES TOUTES LES POSTES,
ET LEURS PRIX.

QUATRIEME EDITION

Nouvellement corrigée, avec des changemens dans les Postes, & augmentée depuis la premiere.

Dedié au tres-noble Seigneur, Monsieur

LE MARQUIS

JOSEPH ZAGNONI.

A BOLOGNE MDCCLXXV.

Chez Jean Baptiste Sassi. Avec permission.

NOBILISSIMO SIGNORE.

A Niuno meglio che à Voi, Nobilissimo Si-
gnor Marchese, si conviene l'offerta del picco-
lo libretto, ch' ora ho io l'onore di presentarvi.
Questo è stato stampato non per fare un gran
nome all' Autore, ma perchè serva alla pubbli-
ca

TRES-NOBLE SEIGNEUR.

IL n'y a perſonne, a qui mieux, qu'à vous, tres-Noble Seigneur, l'on puiſſe dèdier le petit livre, que j'ai l'honneur de vous preſenter. Ce livre n'a pas etè imprimè pour acquerir beaucoup d'eſtime à l'Auteur, mais afin qu'il

ſoit

vi

ca utilità, e perciò con tutta ragione a quel Cavaliere doveva essere offerto, che si fa gloria di procurare con ogni sollecitudine i vantaggi del Cittadino, ed il sostentamento del povero industrioso. Senza ch' io più chiaramente mi spieghi, questa Patria m' intende, e potrà rendere di quanto affermo le testimonianze più illustri, e più a Voi gloriose. Permettetemi, che a queste ne aggiunga io quì una sola, cioè, che sapete rendere cara ad ognuno la nobiltà, e magnificenza Vostra, accompagnandola con una affabilità e degnazione cortesissima, a cui affidatomi, ho io osato d' offerirvi cosa sì piccola, e Voi degnato vi siete d' accettarla benignamente. Accettate insieme con essa l' offerta di tutto me, che supplicandovi della graziosa Protezion Vostra, mi vi confermo con profondissimo ossequio. Bologna 9. Marzo 1771.

Umo, Devmo, Obblmo Servitore
Carlo Barbieri.

Prez-

ſoit utile au publique. C'eſt pour cela, que
de toute raiſon l'on devoit le preſenter a'un Seigneur, qui ſe fait gloire de donner tous ſes ſoins
aux avantages du citoien, & à l'entretien du
pauvre induſtrieux. Toute la Ville deja m'en-
tend fort-bien ſans que je m'explique plus clair-
rement; & elle même poura rendre les témoi-
gnages les plus illuſtres, & les plus glorieux pour
vous de ce que je viens de dire. Permettez mois,
qu' j'en ajoute un aux ſiens; c'eſt que vous ſca-
vez rendre agreable à tous votre nobleſſe, & votre magnificence en y joignant la bonté la plus ai-
mable. C'eſt cette qualité, qui vous diſtingue
ſi bien, qui m'a donné le courage de vous offrir
ſi peu de choſe; & c'eſt par cette bonté même,
que vous avez deigné l'accepter. Deignez, Monſieur, d'accepter auſſi moi même au nombre de
ceux qui vous ſont le plus devoues, & de me
continuer votre genereuſe protection. Je vous
en ſupplie, & je ſuis avec le plus profond re-
ſpect.

Monſieur.

Bologne ce 9. Mars 1771.

Votre tres-humble, & tres-obeiſſant Serviteur
Charles Barbieri.

Prezzi che si pagano li Cavalli per ciascheduno Stato.

Nello Stato del Papa.
Per due Cavalli da Sedia   Paoli 8.
Per un Cavallo da Sella   Paoli 3.

Nello Stato di Toscana.
Per due Cavalli da Sedia   Paoli 8.
Per un Cavallo da Sella   Paoli 3.

Nello Stato del Re di Napoli.
Per due Cavalli da Sedia   Carlini 11.
Per un Cavallo da Sella   Carlini 5., e mezzo.

Nello Stato del Piemonte.
Per due Cavalli da Sedia (Moneta di) Lire 4.
Per un Cavallo da Sella   (Piemonte.) Lire 2.

Nello Stato di Milano.
Per due Cavalli da Sedia   Paoli 14.
Per un Cavallo da Sella   Paoli 5.

Nello Stato di Genova.
Per due Cavalli da Sedia (Moneta di) Lire 9.
Per un Cavallo da Sella (Genova.) Lire 3.

Nello Stato di Parma, e di Modena.
Per due Cavalli da Sedia   Paoli 10.
Per un Cavallo da Sella   Paoli 5.

Nel Piacentino.
Per due Cavalli da Sedia   Paoli 15.
Per un Cavallo da Sella   Paoli 5.

Nello Stato di Venezia.
Per due Cavalli da Sedia   Paoli 15.
Per un Cavallo da Sella   Paoli 7., e mezzo.

Avvertendo che nello Stato del Veneziano si potranno provvedere del Bollettone, che si chiama Cambiatura, il quale si dà alla Posta dal Corriere maggiore, ed allora li due Cavalli da Sedia non si pagheranno altro che un Filippo, e li Cavalli da Sella mezzo Filippo.

Entrando poi, e sortendo da qualunque Città del Piemonte si dovranno provvedere del Bollettone, quale si dà dalli Governatori delle Città dello Stato: e li Cavalli non si pagheranno che lire due per ciascheduno: sortendo da Turino non si paga più Posta Reale, avendola ridotta a Posta semplice.

Il

Les prix qu' on paie pour les Chevaux de chaque Etat.

Dans les Etats du Pape.
Pour deux Chevaux de Chaise, Paules 8.
Pour un Cheval de Selle Paules 3.

Dans les Etats de Toscane.
Pour deux Chevaux de Chaise Paules 8.
Pour un Cheval de Selle Paules 3.

Dans les Etats du Roi de Naples.
Pour deux Chevaux de Chaise Carlins 11.
Pour un Cheval de Selle Carlins 5. , & demi.

Dans les Etats de Piemont.
Pour deux Chevaux de Chaise (Monnoie de) Livres 4.
Pour un Cheval de Selle (Piemont .) Livres 2.

Dans les Etats de Milan.
Pour deux Chevaux de Chaise Paules 14.
Pour un Cheval de Selle Paules 7.

Dans les Etats de Genes.
Pour deux Chevaux de Chaise (Monnoie de) Livres 9.
Pour un Cheval de Selle (Genes .) Livres 3.

Dans les Etats de Parme, & Modene.
Pour deux Chevaux de Chaise Paules 10.
Pour un Cheval de Selle Paules 5.

Dans le Plaisentin.
Pour deux Chevaux de Chaise Paules 15.
Pour un Cheval de Selle Paules 5.

Dans les Etats de Venise.
Pour deux Chevaux de Chaise Paules 15.
Pour un Cheval de Selle Paules 7. , & demi.

Avertissant, que dans les Etats de Venise on pourra se pourvoir d' un Billet qu' on appelle changeur, qui se donne par le Chef des Couriers a la Poste, qu' allors on ne paiera les deux Chevaux de Chaise que un Philippe, & les Cheval de Selle un demi Philippe.

Entrant, ou sortant des Villes du Piemont, il faut prendre un Billet du Gouverneur de la Ville : pour les Chevaux l' on ne paie que deux Livres, pour chaque Cheval : sortant de Turin, l' on ne paie plus Poste Roiale, l' aiant reduite à Poste simple.

Il presente Libro contiene numero ventiquattro Carte Geografiche, nelle quali vi sono delineate tutte le strade d'Italia, con la giusta situazione dei Luoghi ove sono le Poste, Città, e Castelli con li nomi d'ognuna in piccole distanze alle medesime Strade, come anche tutti li Fiumi, che si passano col pagamento, e senza, con li prezzi che si pagano li Cavalli in ciascheduno Stato, di maniera che ogni Viaggiatore senza domandare ad alcuno, potrà essere informato dal presente Libro. A tutte le Città Capitali sortendo si paga Posta Reale: cioè una, e mezza. Tutte le Poste che saranno segnate con una piccola stella, si dovrà prendere il terzo Cavallo, che si pagherà tre Paoli.

Ce livre contient vintquatres Cartes Geographiques, dans les quelles sont marqués tous les chemins d'Italie, avec la juste situation des lieux ou sont les Postes, Villes, & Chateaux, avec leurs noms particuliers dans la moindre distance des memes chemins, comme aussi toutes les Rivieres, qu'on passe avec le paiement, & sans, & avec les prix, que les Cheveaux paient, dans chaque état, de façon, que chaque Voiageur sans demander à personne, pourra être informé par le present. Sortant de toutes les Villes Capitales on paie Poste Roiale c'est a dire 1., & demi. Toutes les Postes qui seront marque d'une petite Etoille se doit prendre un troisieme Cheval qui se paiera trois paules.

INDICE.

INDICE.

VIAG.

VIAGGIO

Da Bologna, ad Ancona,
per la via d' Imola,
Faenza, Furlì, Cese-
na, Rimino, Pesaro,
Fano, e Sinigaglia.

Num. 1.

VOÏAGE

Da Bologne, à Ancone,
par Imola, Faïance,
Forlì, Cesene, Ri-
mino, Pesero, Fan,
& Sinigaglie.

Da Bologna, ad Ancona.	Da Bologne, à Ancone.

Da Bologna, a S. Nicolò.
Si paſſa il Fiume Savena ſul Ponte, e ſi paga Paoli 1. per ciaſcuna Sedia da due rote, e da quatro ſi paga il doppio.

Da S. Nicolò, ad Imola Città.
Da Imola, a Faenza Città.
Si paſſa il Santerno Fiume, ſul Ponte, e ſi paga Paoli 1. per Sedia còme ſopra.

Da Faenza, a Forlì Città.
Da Forlì, a Ceſena Città.
Si paſſa il Fiume Ronco, e il Fiume Savio ſul Ponte, e ſi paga un Paolo per Sedia.

Da Ceſena, a Savignano Borgo.

Da Savignano, a Rimini Città.
Da Rimini, alla Cattolica.

Si paſſa il Fiume Conca, e ſi paga Paoli 1. come ſopra, quando queſto Torrente è gonfio, e pericoloſo.

Dalla Cattolica, a Peſaro Città.
Quì ſi coſteggia la Marina, quando il Mare è quieto; ed eſſendo altrimenti, ſi va per la ſtrada di ſopra, detta il Pantalone.

Da Peſaro, a Fano Città.
Da Fano, a Marotto.
Da Marotto, a Sinigaglia Città.
Da Sinigaglia, alle Caſe Bruciate.
Dalle Caſe Bruciate, ed Ancona Città.
Sono Poſte 15. e mezza, miglia 144

De Bologne, à S. Nicolas p. 1. & 1. q.
On paſſe la Riviere Savena ſur le Pont, & on païe 1. Paule pour chaque chaiſe de doux roües, & de quattre on païe le double.

De S. Nicolas, à Imola Ville p. 1. & 1. q.
De Imola, à Faïence Ville p. 1.
On paſſe la Riviere Santerno ſur le Pont, & on païe 1. Paule par chaiſe come ci deſſus.

De Faïence, à Forlì Ville p. 1.
De Forlì, à Ceſene Ville p. 1. & demi.
On paſſe la Riviere Ronco, e la Riviere Savio ſur le Pont, & on païe 1. Paule pour chaiſe.

De Ceſene, à Savignano Bourg.   p. 1.

De Savignano, à Rimino Ville   p. 1.
De Rimino, à la Catholique   p. 1. & demi.

On paſſe la Riviere Conca, & on païe 1. Paule come ci deſſus, quand ce Torrent groſſit il eſt dangereux.

De la Catholique, à Peſaro Ville   p. 1.
Ici on va ſur la Côte de la mer, quand elle eſt en calme, mais ne l'étant pas, on va ſur le haut chemin appellé le Pantalone.

De Peſero, à Fano Ville p. 1
De Fano, à Marotto   p. 1.
De Marotto, à Sinigaglie Ville   p. 1.
De Sinigaglie, aux Maiſons Bruleès   p. 1.
Des Maiſons Bruleès, à Ancone Ville   p. 1.
Il y a 15. Poſte & demi, milles 144.

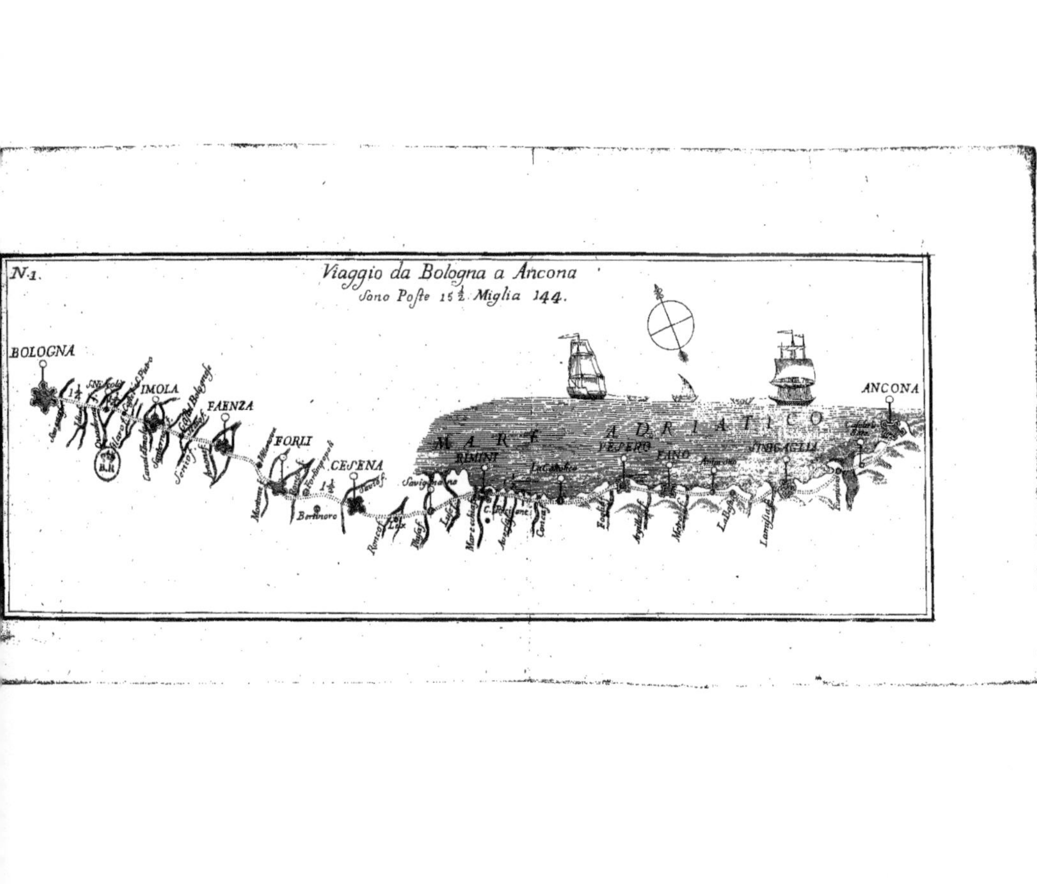

N. 1.
Viaggio da Bologna a Ancona
Sono Poste 15½ Miglia 144.
BOLOGNA
IMOLA
FAENZA
FORLI
CESENA
Bertinoro
RIMINI
Savignano
La Cattolica
MARE ADRIATICO
VESERO
FANO
SINIGAGLI
ANCONA

VIAGGIO

Da Bologna, a Roma, per la via d' Ancona, Loreto, Macerata, Tolentino, Foligno, Spoleti, Terni, e Narni.

Num. 2.

VOÏAGE

De Bologne, à Rome, par Ancone, Lorete, Macerate, Tolentin, Foligne, Spoleti, Terni, & Narni.

Da Bologna, ad Ancona Poste 15., e mezza, vedi il num. 1.	De Bologne, à Ancone, Il y a 15. Postes, & demi, Vois le num. 1.
Da Ancona, a Camurano.	De Ancone, à Camurane. p. 1.
Da Camurano, a Loreto Città.	De Camurane, à Lorete Ville. p. 1.
Da Loreto, a Sambuchetto.	De Lorete, à Sambuchette. p. 1.
Da Sambuchetto, a Macerata Città.	De Sambuchette, à Macerate Ville. p. 1.
Da Macerata, a Tolentino Città.	De Macerate, à Tolentin Ville. p. 1. & demi.
Da Tolentino, a Valcimarra.	De Tolentin, à Valcimarre. p. 1.
Da Valcimarra, alle Trave.	De Valcimarre, à Traves. p. 1.
Dalle Trave, a Seravalle.	De Traves, à Seravalle. p. 1.
Da Seravalle, alle Case Nuove.	De Seravalle, à Maisons neuves. p. 1.
Dalle Case Nuove, a Foligno Città.	De Maisons neuves, à Foligne Ville. p. 1.
Da Foligno, alle Vene.	De Foligne, à Venes. p. 1.
Dalle Vene, a Spoleti Città.	De Venes, à Spoleti Ville. p. 1.
** Da Spoleti, a Strettura.*	*De Spoleti, à Strettura. p. 1.
** Da Strettura, a Terni Città.*	*De Strettura, à Terni Ville. p. 1.
Da Terni, a Narni Città.	De Terni, à Narni Ville. p. 1.
Da Narni, a Otricoli.	De Narni, à Otricoli. p. 1.
Da Otricoli, a Borghetto.	De Otricoli, à Borghetto. p. 0, 3. q.
Da Borghetto, a Città Castellana.	De Borghetto, à Città Castellane. p. 0. 3. q.
Da Città Castellana, a Rignano.	De Città Castellane, à Rignane. p. 1.
Da Rignano, a Castel Nuovo.	De Rignane, à Chateau neuf. p. 1.
Da Castel Nuovo, al Borghettaccio.	De Chateau neuf, à Borghettaccio. p. 0, 3. q.
Dal Borghettaccio, alla Prima Porta.	De Borghettaccio, à Prime Porte. p. 0. 3. q.
Dalla Prima Porta, a Roma.	De Prime Porte, à Rome. p. 1.
Sono Poste 22., e mezza: miglia 172.	Il y a 22. Postes, & demi: milles 172.

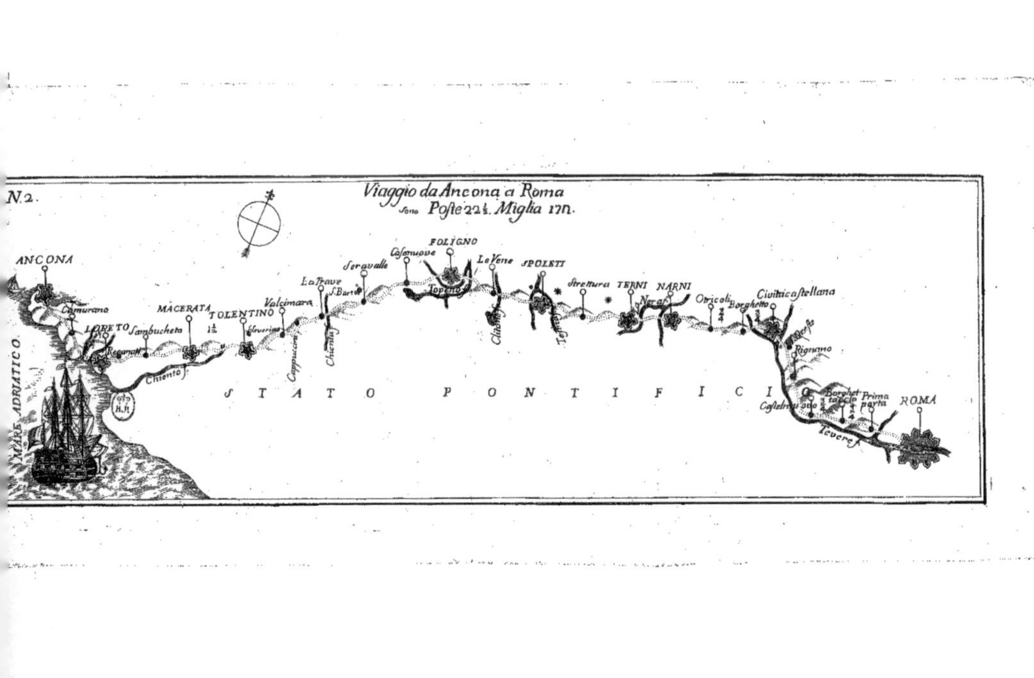

Viaggio da Ancona a Roma
Sono Poste 22½. Miglia 171.
MARE ADRIATICO
ANCONA
Camurano
LORETO
Sambucheto
Recanati
Chienti
MACERATA
TOLENTINO
1½
Sforerino
Valcimara
La Trave
S.Barto
Cappuccini
Chienti
Seravalle
Casanuove
FOLIGNO
Topeno
Le Vene
SPOLETI
Clitonio
Tessino
Strettura
TERNI
NARNI
Nera
Oricoli
Borghetto
Civitacastellana
Treja
Rignano
Castelnuovo
Borghet taccio
Prima porta
Tevere
ROMA
STATO PONTIFICIO

VIAGGIO

Da Bologna, a Foligno, per la via di Fano, Fossombrone, Cagli, e Nocera.

Num. 3.

VOÏAGE

De Bologne, à Foligné, par Fan, Fossombrone, Cagli, & Nocere.

Da Bologna, à Fano fono Poſte 11., e mezza, vedi il num. 1.

Da Fano, a Calcinello.

Da Calcinello, a Foſſombrone Città.

Da Foſſombrone, all' Acqualagna.

Dall' Acqualagna, a Caglie.

Da Caglie, a Cantiano Caſtello.

*Da Cantiano, alla Scheggia Caſtello.

Dalla Scheggia, a Sigillo Caſtello.

Dal Sigillo, a Gualdo Caſtello.

Da Gualdo, a Nocera Città.

Da Nocera, a Ponte Contoſimo Borgo.

Da ponte Centeſimo, a Foligno Città.

Segue il Viaggio ſino a Roma. Sono Poſte 10., e mezza: miglia 95.

Queſto viaggio facevaſi in addietro dalli Corrieri di Roma, ma in oggi tenendo la ſtrada di Loreto, non vi ſi trovano più Cavalli per correre la Poſta.

De Bologne, à Fan, il y a 11. Poſtes, & demi, vois le nombre 1.

Da Fano, à Calcinelle. p. 1.

De Calcinelle, à Foſſombrone Ville. p. 1.

De Foſſombrone, à l' Aqualagne. p. 1.

De l' Aqualagne, à Caglie. p. 0. 3. q.

De Caglie, à Cantiane Chateau. p. 0. 3. q.

*De Cantiane, à la Scheggia Chateau. p. 1.

De la Scheggia, à Sigille Chateau. p. 1.

De Sigille, à Gualde Chateau, p. 1.

De Gualde, à Nocere Ville. p. 1.

De Nocere, au Pont Centeſimo Bourg. p. 1.

Du Pont Centeſimo, à Foligne Ville. p. 1.

Suit le Voïage juſqu'à Rome. Il y a 10. Poſtes, & demi: milles 95.

Ce Voïage ſe faiſois avant par les Couriers de Rome, mais aujourdhuy ayant pris la Route de Lorette il n'y a plus de chevaux pour courire la Poſte.

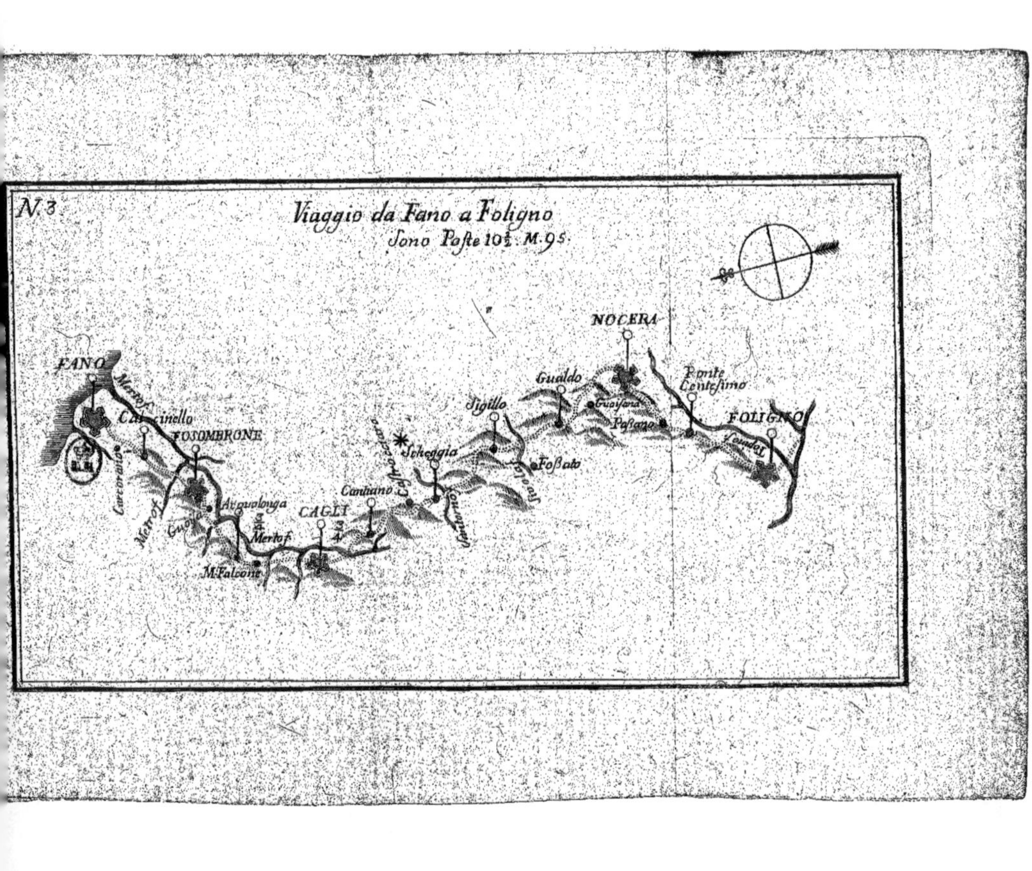

N.3
Viaggio da Fano a Foligno
Sono Poste 10½. M.95.
FANO
Merlof
Calcinello
FOSOMBRONE
Curtoralo
Merlof
Guoja
Arguolouga
3/4
Merlof
M.Falcone
CAGLI
3/4
Canliano
Cosiri.facro
Scheggia
Sigillo
Foßato
Gualdo
Guaifona
Paßano
NOCERA
Ponte Centesimo
FOLIGNO

VIAGGIO

Da Bologna, a Firen-
ze.

VOÏAGE

De Bologne, à Floren-
ce.

Da Bologna, a Firenze.	De Bologne, a Florence.

Da Bologna, a Firenze.

*Da Bologna, a Pianoro.
Si paſſa il Fiume Savena ſul Ponte, e ſi paga un Paolo per ogni Sedia da due ruote.

*Da Pianoro, a Lojano.
*Da Lojano, alle Filicaje.

Dalle Filicaje, a Covigliajo.

Da Covigliajo, a Monte Carelli.

Da Monte Carelli, a Cafagiolo.

Da Cafagiolo, a Fonte buona.

Da Fonte buona, a Firenze.

Sono Poſte 9. miglia 66.

Dichiarando però, che per ciaſcheduna delle Poſte da Bologna, a Pianoro, e da Pianoro, a Lojano, e da Lojano, alle Filicaje, atteſa la qualità delle Strade, che conducono alle ſuddette Poſte, quali ſono parte Renoſe, e Montuoſe, ſi dovrà da ogn' uno per ogni Caleſſe prendere il terzo Cavallo, col pagamento di Paoli tre per Poſta, e dove è Poſta e mezza, Paoli quattro, e mezzo, e per un legno a quattro Ruote altri due Cavalli coll' Uomo ſopra, oltre li quattro ſoliti col pagamento di Paoli ſei per Poſta, e dove evvi Poſta, e mezza, Paoli 9., tanto nell' andare, che nel tornare.

De Bologne, a Florence.

*De Bologne, à Pianoro. p. 1. & demi.
On paſſe la Riviere Saveue ſur le Pont, & on païe un Paule par chaque Caléche de deux roües.

*De Pianoro, à Lojane. p. 1. & demi.
*De Lojane, aux Filicajes. p. 1.

Des Filicajes, à Covigliaje. p. 1.

De Covigliaje, à Monte Carelli. p. 1.

De Monte Carelli, à Cafagiole. p. 1.

De Cafagiole, à Fonte bonne. p. 1.

De Fonte bonne, à Florence. p. 1.

Il y a 9. Poſtes. mille 66.

Avertiſſant cependant, que pour chacune des Poſtes de Bologne à Pianoro, & de Pianoro, a Lojane, & de Lojane, aux Filicajes, vû que la qualité des chemins, qui conduiſſent aux ſuddittes Poſtes, qui parties ſont Sabloneux. & eſcarpés, un chacun dovra pour chaque Caleche, ou chaiſe prendre un troiſieme cheval; avéc le payement des trois Pauls par Poſte, & pour une Poſte & demi, quatre Pauls & demi, pour une Voiture à quatre Roues, & quatres chevaux il faut en prendre autres deux avec le Poſtillon, & on pay Pauls ſix par Poſta, & pour Poſta & demi neuf Pauls tant en allant, qu'en retournant.

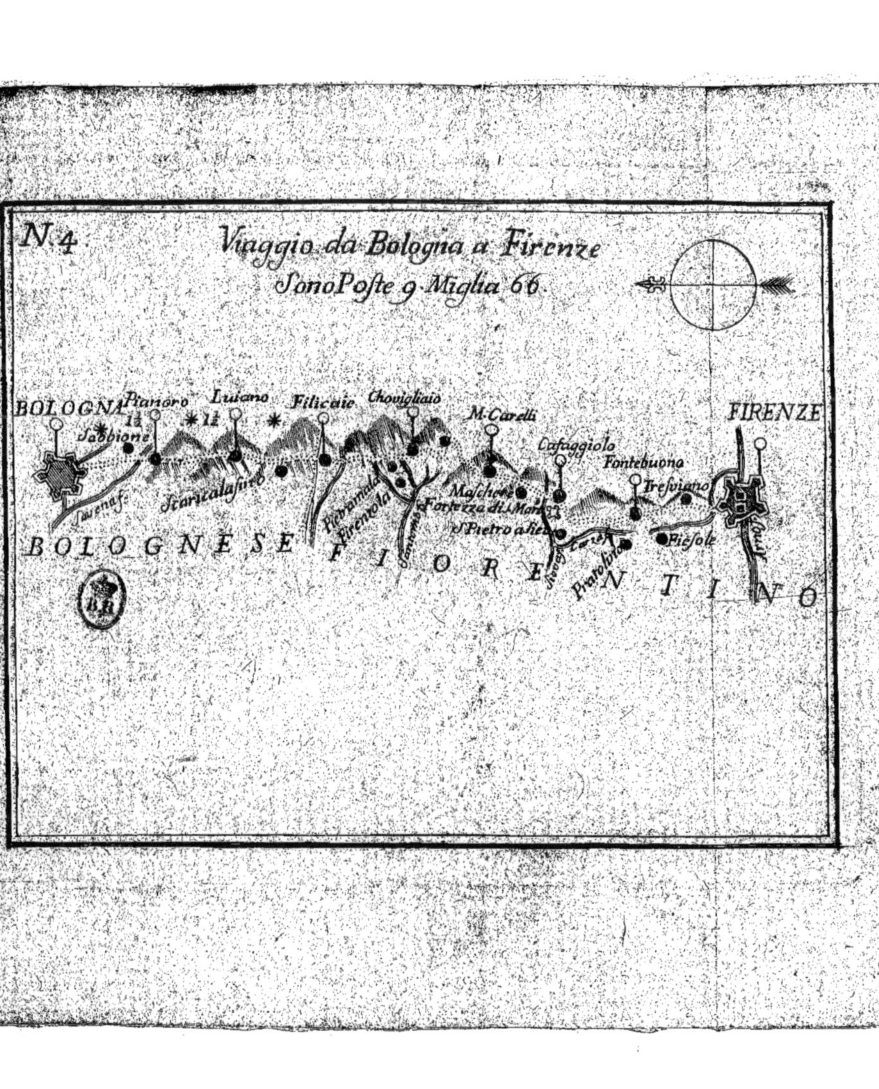
N.4.
Viaggio da Bologna a Firenze
Sono Poste 9. Miglia 66.
BOLOGNA
Pianoro
Lucano
Filicaie
Chovigliaio
M. Carelli
Cafaggiolo
Fontebuono
FIRENZE
Sabbione
Scaricalasino
Maschere
Tresviano
Lavena
Pietramala
Forterza di S. Mar.
S. Pietro a Sieve
Fiesole
Firenzola
Pratolino
BOLOGNESE
FIORENTINO

VIAGGIO

Da Bologna, a Roma, per la via di Firenze, Siena, e Viterbo.

Num. 5.

VOÏAGE

De Bologne, à Rome, par Florence, Siene, & Viterbe.

Da Bologna, a Firenze, sono Poste 9. vedi il num. 4.	**De Bologne, à Florence,** il y a 9. Postes Vois le nombre 4.

Da Firenze, a S. Cassiano.	De Florence, à S. Cassien. p. 1.
Da San Cassiano, alle Tavernelle.	De S. Cassien, aux Tavernelles. p. 1.
Dalle Tavernelle, a Poggi Bonzi.	Des Tavernelles, à Poggi Bonsi. p. 1.
Da Poggi Bonzi, a Castiglioncello.	De Poggi Bonsi, à Castiglioncello. p. 1.
Da Castiglioncello, a Siena Città.	De Castiglioncello, à Siene Ville. p. 1.
Da Siena, a Monterone.	De Siene, à Monterone. p. 1.
Da Monterone, a Buon Convento.	De Monterone, à Buon Convento. p. 1.
Da Buon Convento, a Torrinieri.	De Buon Convento, à Torrinieri. p. 1.
**Da Torrinieri, alla Scala.*	*De Torrinieri, à la Scala. p. 1.
Dalla Scala a Ricorsi.	De la Scala, à Ricorsi. p. 1.
**Da Ricorsi, a Re de Cofani.*	*De Ricorsi, à Re de Cofani. p. 1.
**Da Re de Cofani, a Ponte Centino.*	*De Re de Cofani, au Pont Centin. p. 1.
Da Ponte Centino, a Acqua Pendente Città.	Du Pont Centin, à Acqua Pendente Ville. p. 1.
Da Acqua Pendente, a S. Lorenzo alle Grotte.	De Acqua Pendente, à S. Laurent aux Grottes. p. 0. 3. q.
Da S. Lorenzo alle Grotte, a Bolsena Città.	De S. Laurent aux Grottes, à Bolsene Ville. p. 0. 3. q.
Da Bolsena, a Monte Fiascone Città.	De Bolsene, au Mont Fiascon Ville. p. 1.
Da Monte Fiascone, a Viterbo Città.	De Mont Fiascon, à Viterbe Ville. p. 1.
Da Viterbo, alla Montagna.	De Viterbe, à la Montagne. p. 0. 3. q.
Dalla Montagna, a Ronciglione.	De la Montagne, à Ronciglione. p. 1.
Da Ronciglione, a Monte Rosi.	De Ronciglione, à Monte Rosi. p. 1.
Da Monte Rosi, a Baccano.	De Monte Rosi, à Baccane. p. 1.
Da Baccano, alla Storta.	De Baccane, à la Storta. p. 1.
Dalla Storta, a Roma.	De la Storta, à Rome. p. 1.
Sono Poste 22. e 1. q. miglia 164.	Il y a 22. Postes e 1. q. milles 164.
Da Ponte Centino, a Re de Cofani vi è una Posta, e mezza andando verso Firenze, e andando verso Roma Poste una.	Du Pont Centin, à Re de Cofani il y a une Poste, & demi, allant vers Florence, & allant vers Rome, une Poste.

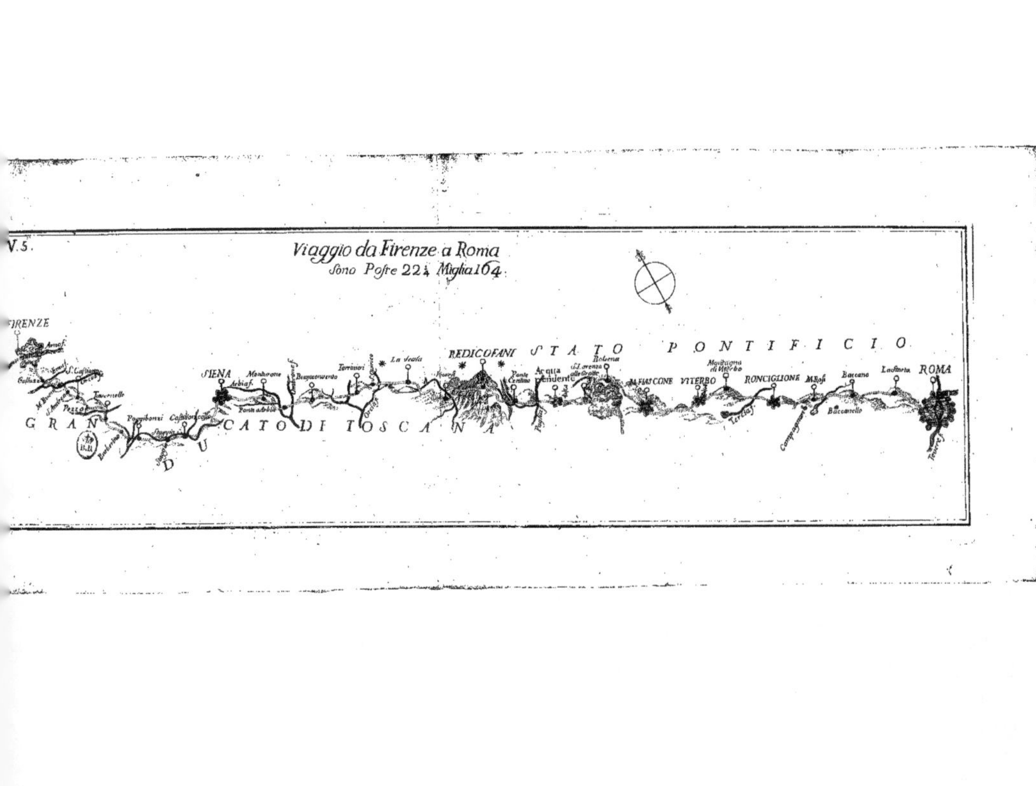

Viaggio da Firenze a Roma
Sono Poste 22¼ Miglia 164.
FIRENZE
Arno f.
Galluzzo
S. Casciano
M. Bueni
S. Andrea
Pezzo
Tavernelle
Barberino
GRAN DUCATO DI TOSCANA
B.R.
Poggibonzi
Staggia
Castiglioncello
SIENA
Arbia f.
Ponte a Arbia
Monteroni
Ombrone f.
Buonconvento
Torrinieri
La Scala
REDICOFANI
Ricorsi
Ponte Centino
Acqua Pendente
Paglia f.
S. Lorenzo alle Grotte
Bolsena
STATO PONTIFICIO
M. FIASCONE
VITERBO
Montagna di Viterbo
RONCIGLIONE
Tercia f.
Campagnano
M. Rosi
Baccano
Baccanello
La Storta
ROMA
Tevere f.

VIAGGIO

Da Roma, a Napoli, per la via di Veletri, Terracina, Molo di Gaetta, e Capua.

VOÏAGE

De Rome, à Naples, par Valetri, Terraccine, au Port de Gaeta, & Capoue.

Da Roma, a Napoli. — De Rome, a Naples.

Da Roma, a Napoli.	De Rome, a Naples.
Da Roma, alla Torre.	De Rome, à la Tour. p. 1. & demi.
Dalla Torre, a Marino.	De la Tour, à Marine. p. 1.
Da Marino, alla Fajola.	De Marine, à la Faïole. p. 0. 3. q.
* Dalla Fajola, a Veletri.	De la Faïole, à Veletri. p. 0. 3. q.
Da Veletri, a Cisterna.	De Veletri, à Citerne. p. 1.
Da Cisterna, a Sarmonetta.	De Citerne à Sarmonette. p. 1.
Da Sarmonetta, alle Case Nuove.	De Sarmonette, aux Maisons Neuves. p. 1.
Dalle Case Nuove, a Piperno.	Des Maisons Neuves, à Piperne. p. 0. 3. q.
* Da Piperno, a Maruti.	De Piperne, à Maruti. p. 1.
Da Maruti, a Terraccina.	De Maruti, à Terraccine. p. 1.
Da Terraccina, a Fondi.	De Terraccine, à Fondi. p. 1. & demi.
Da Fondi, a Itri.	De Fondi, à Itri. p. 1.
Primo Dazio del Re di Napoli.	Premier impôt du Roi de Naples.
Da Itri, a Molo di Gaeta.	De Itri, à Molo de Gaeta. p. 1.
Da Molo di Gaeta, a Carigliano.	Du Molo de Gaeta, à Carigliane. p. 1.
Si passa il Carigliano Fiume sopra la barca, e si paga tre Carlini per Sedia.	On passe le Carigliane Riviere sur la barque, & on paie trois Carlins par Chaise.
Da Carigliano, a S. Agado.	De Carigliane, à Sant' Agade. p. 1.
Da S. Agado, a Francolisi.	De Sant' Agade, à Francolisi. p. 1.
Da Francolisi, a Capua.	De Francolisi, à Capoüe. p. 1.
Da Capua, a Versa.	De Capoüe, à Verse. p. 1.
Secondo Dazio del Re di Napoli.	Second Impôt du Roi de Naples.
Da Versa, a Napoli.	De Verse, à Naples. p. 1.

Sono Poste 19. e 1. q. miglia 155.
Chiunque vorrà intraprendere questo Viaggio, è necessario che si provegga del Passaporto, il quale si dà dall' Ambasciadore di Napoli in Roma, e per sortire da detto Stato si spedisce il Passaporto dalla Cancellaria Reggia contro un Biglietto dell' Ambasciadore dello Stato di quello, che desidera il Passaporto.

Il y a 19. Postes e 1. q. milles 155.
Ceux qui voudront entreprendre ce Voïage, il faudra qu' ils prennent le Passeport de l' Ambassadeur de Naples a Rome, & pour sortir dudit Etat l'on depeche le Passeport de la chancellerie Royale en presentant un billet de l' Ambassadeur de l' Etat de celui qui demande la Passeport.

Viaggio da Roma a Napoli
Sono Poste 19¼ Miglia 155.
ROMA
Alla Torre 1¼
Marino
La Faiola
VELLETRI
Nemo
Cisterna
Sermoneta Bagnano
Casenuove ¾
Piperno
Marusi
TERRACINA 1½
STATO DELLA CHIESA
PARTE DEL NAPOLETANO
FONDI
Itri
Molo di Gaeta
GAETA
Carigliano
Sessa
S. Agaso
Francolisi
Calvi
Capua
CAPOA
Volturno
Aversa
NAPOLI
MARE MEDITERRANEO

Num. 7.	*Num.* 7.
# VIAGGIO	# VOÏAGE
Da Bologna, a Livorno, per la via di Firenze, Pisa, e da Pisa a Siena.	*De Bologne, a Livour-ne, par Florence, & Pise, & de Pise a Sie-ne.*

Da Bologna, a Firenze, sono Poste 9. vedi il num. 4.

Da Firenze, alla Lastra.

Dalla Lastra, all' Osteria nuova.

Dall' Osteria nuova, alla Scala.

Dalla Scala, a Castel del Bosco.

Da Castel del Bosco, alla Cascina.

Dalla Cascina, a Pisa.

Da Pisa, a Livorno. Sono Poste 8. miglia 62.

Questo Viaggio si può fare tutto per Acqua imbarcandosi nell' Arno in Firenze nel luogo detto li Navicelli, oppure si può andare a Pisa, e allora imbarcarsi, essendevi una Barca, che parte ogni giorno.

Da Pisa alle Fornacette.

Dalle Fornacette a S. Romano.

Da S. Romano alla Scala

Dalla Scala a Castel Fiorentino.

Da Castel Fiorentino a Poggibonsi.

Da Poggi Bonsi a Castilioncello.

Da Castilioncello a Siena.

Sono poste 7.

De Bologne, à Florence, il y a 9. Postes. Vois le nombre 4.

De Florence, à la Lastra. p. 1.

De la Lastra, à Cabarert neuve. p. 1.

De Cabarert neuve, a l' Echelle. p. 1.

De l' Echelle, à Castel del Bosco. p. 1.

De Castel del Bosco, à Cascine. p. 1.

Des Cascine, à Pise. p. 1.

De Pise, a Livourne. p. 2.

Il y a 8. Postes: milles 62.

On peut faire ce Voïage par eau, en s' embarquant sur l' Arne à Florence, dans l' endroit dit les Navicelli, où bien on peut aller à Pise, & allors s' embarquet, y aïant une Barque qui part tous les jours.

De Pise aux Fornacette. p. 1.

Des Fornacette à S. Romains. p. 1.

De S. Romains a l' Echelle. p. 1.

De l' Echelle a Chateaux Florentains. p. 1.

De Chateaux Florentains a Poggibonsi. p. 1.

De Poggi Bonsi à Chatilioncelle. p. 1.

De Chatilioncelle à Siene. p. 1.

Il y a 7. Postes.

N.7
Viaggio da Firenze a Livorno
Sono Poste 8. Miglia 62
da Pisa a Siena Poste 7
FIRENZE
La Lastra
Osteria Nuova
ARNO F.
La Scala
Fucecchio
S. Croce
Castel del Bosco
alla Cassina
PISA
Arno F.
S. Pietro in Grado
MARE
Legnaia
Bretoni
Gr. Duc.
M. Lupo
Pegy
Empoli
Castel Fiorentino
Elsa F.
S. Miniato
Ebola
S. Romano
Era F.
Scesina
Pas Era
Settimo
LIVORNO
Castiglionrella
Poggibonsi
alla Scala
B.R.
SIENA

VIAGGIO

Da Bologna, a Pisa, per la via di Firenze, Prato, Pistoja, Pescia, e Lucca.

VOÏAGE

De Bologne, à Pise, par Florence, Prate, Pistoie, Pescia, & Lucques.

Da Bologna, a Firenze, sono Poste 9. vedi il num. 4.	De Bologne, a Florence, il y a 9. Postes, Vois le nombre 4.
Da Firenze, a Prato Città.	De Florence, à Prato Ville. p.1.& demi.
Da Prato, a Pistoja Città.	De Prato, à Pistoïe Vil-le. p.1.& demi.
Da Pistoja, a Borgo, a Buggiano.	De Pistoïe, au Bourg à Buggiano. p.1.& demi.
Da Borgo, a Buggiano, a Lucca Città.	Du Bourg à Buggiano, à Lucques Ville. p.1.& demi.
Da Lucca, a Pisa Città. Sono Poste 8. miglia 54.	De Lucques, à Pise Ville. p. 2. Il y a 8. Postes: milles 54.
Uno che non voglia paßare per Prato, da Firenze può andare al Poggio a Cajano, e dal Poggio a Cajano, a Pistoja, ma vi è la medesima distanza.	Celui, qui ne voudroit point paßer par Prato, de Florence peut aller au Poggio à Cajano, & du Poggio à Cajano, a Pistoïe, mais c'est la même distance.

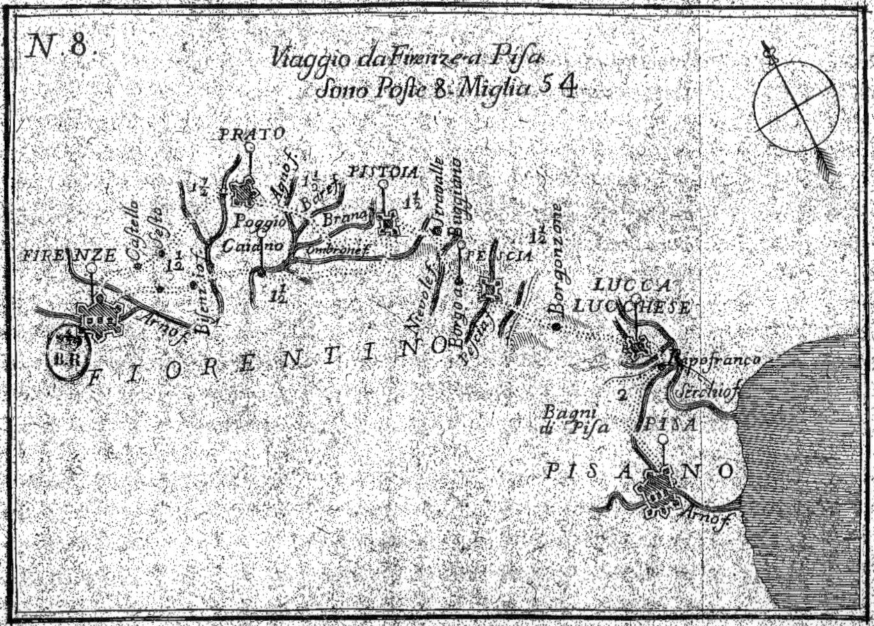

N.8.
Viaggio da Firenze a Pisa
Sono Poste 8. Miglia 54
PRATO
PISTOIA
Arno f.
Bisenzio f.
Poggio a
Caiano
Brana
Ombrone f.
Trevalle
Buggiano
Nievole f.
Pescia f.
Borgo a
Buggiano
PESCIA
Borgonzone
FIRENZE
Casello
Grefo
Arno f.
LUCCA
LUCCHESE
Capofranco
Serchio f.
Bagni
di Pisa
PISA
FIORENTINO
PISANO
Arno f.
B.R.
1½
1½
1½
1½
1½
1½
1½
2

VIAGGIO

Da Bologna, a Foligno, per la via di Firenze, Arezzo, Cortona, e Perugia.

Num. 9.

VOÏAGE

De Bologne, à Foligne, par Florence, Arezzo, Cortone, Perugia.

Da Bologna, a Firenze, sono poste 9. vedi il num. 4.	De Bologne, à Florence, il y a 9. Postes, vois le nombre 4.
Da Firenze, a Pian del Fonte.	De Florence, à Pian del Fonte. p. 2.
Da Pian del Fonte, a Levane.	De Pian del Fonte, aux Levanes. p. 2.
Da Levane, ad Arezzo.	Des Levanes, à Arézzo. p. 2.
Da Arezzo, a Camoscia.	De Arezzo, à Camoscia. p. 2.
Da Camoscia, a Torricella.	De Camoscia, à Torricelle. p. 2.
Da Torricella, a Perugia.	De Torricelle, à Peruge. p. 2.
Da Perugia, alla Madonna degli Angioli.	De Peruge, à notre Dame des Anges. p. 1.
Dalla Madonna degli Angioli, a Foligno.	De notre Dame des Anges, à Foligne. p. 1.
Sono Poste 14. : miglia 122.	Il y a 14. Poste s : milles 122.

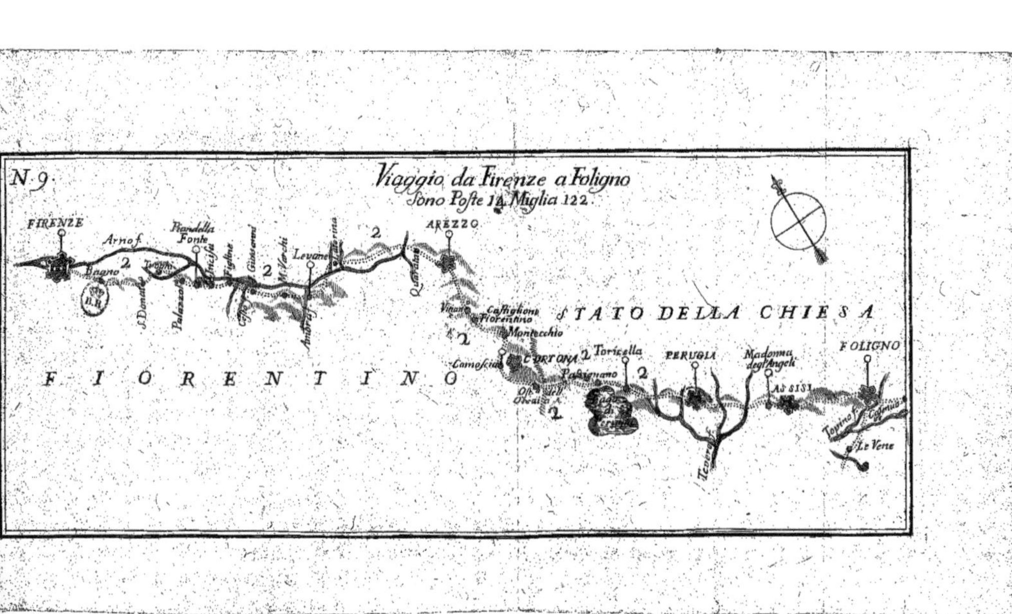

N.9.
Viaggio da Firenze a Foligno
Sono Poste 14. Miglia 122.
FIRENZE
Arno f.
Bagno
2
2
S. Donato
Torghi
Palazzo
Riardella Fonte
Incisa
Figline
Cesso
Giùsciani
2
M. Varchi
Ambra
Levane
Laterina
2
Quarata
AREZZO
Vinano
Castiglione Fiorentino
2
Montecchio
Camoscia
CORTONA
2 Toricella
Passignano
2
Ossaiad dell'
Obraia A.
2
Lago di Perugia
PERUGIA
Tevere f.
Madonna degl'Angeli
ASSISI
Topino f.
Cagnuia
Le Vene
FOLIGNO
STATO DELLA CHIESA
FIORENTINO

Num. 10.

VIAGGIO

Da Bologna, a Mantova, per la via di Modena, e Mirandola.

Num. 10.

VOÏAGE

De Bologne, à Mantoue, par Modene & la Mirandole.

Da Bologna, a Mantova.	De Bologne, à Mantoüe.
Da Bologna, alla Samoggia.	De Bologne, à la Samoggia. p. 1. & demi.
Si paßa il Reno Fiume ſul Ponte, e ſi paga un Paolo.	On paſſe la Riviere de Reno ſur le Pont, & on paie un paule.
Dalla Samoggia, a Modena.	De la Samoggia, à Modene. p. 1. & demi.
Si paßa il Fiume Panaro in barca, e ſi paga.	On paſſe la Riviere Panaro en barque, & on paie.
Da Modena, a Buonporto.	De Modene, a Buonporto. p. 1.
Da Buonporto, alla Mirandola.	De Buonporto, à la Mirandole. p. 2.
Dalla Mirandola, alla Concordia.	De la Mirandole, à la Concorde. p. 1.
Dalla Concordia, a Quingentolo.	De la Concorde, à Quingentolo. p. 1. & demi.
Da Quingentolo, a Governolo.	De Quingentolo, à Governolo. p. 1.
Si paßa il Pò Fiume in barca, e ſi paga.	On paſſe le Fleuve Pò en barque, & on Païe.
Da Governolo, a Mantova.	De Governolo, à Mantoüe. p. 1. & demi.
Sono Poſte 11. miglia 97.	Il y a 11. Poſtes : milles 97.

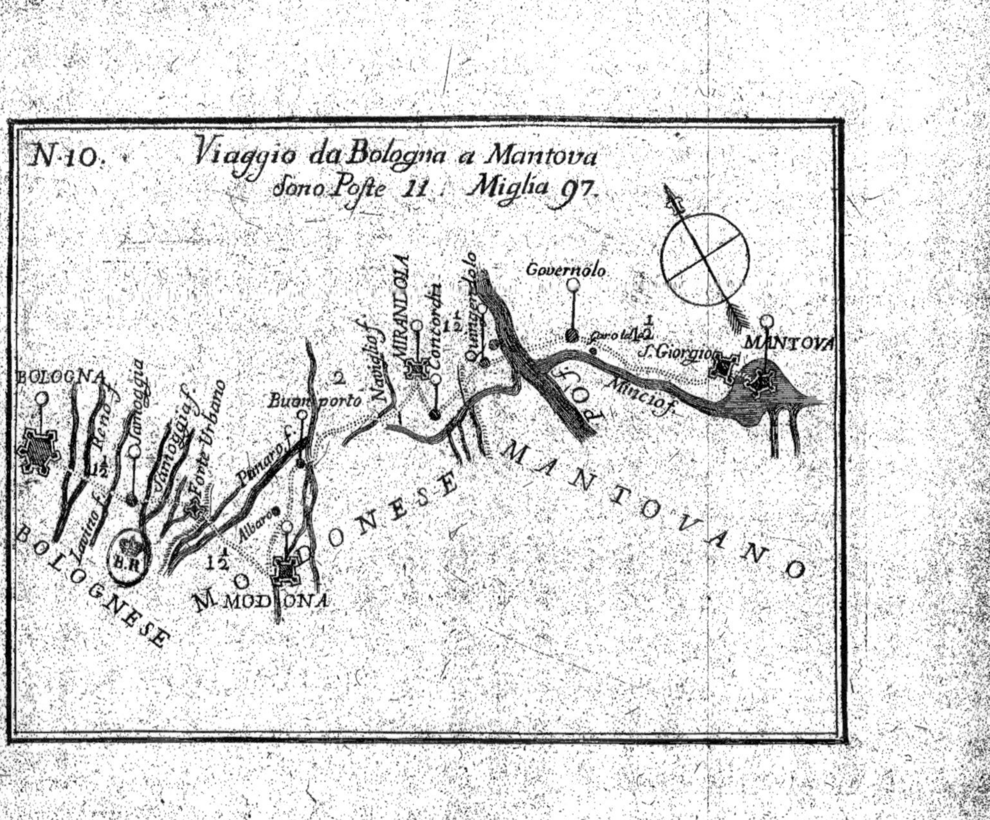

N.10.
Viaggio da Bologna a Mantova
Sono Poste 11. Miglia 97.
BOLOGNA
BOLOGNESE
Reno f.
Lavino f.
Samoggia
Samoggia f.
Forte Urbano
B.R.
MODONESE
M. MODONA
Albaro
Panaro f.
Buonporto
Navilio f.
MIRANDOLA
Concordia
Quingentolo
Governolo
MANTOVANO
Secchia f.
Po f.
S. Giorgio
MANTOVA
Mincio f.

Num. II.

VIAGGIO

Da Bologna, a Trento, per la via di Modena, Mirandola, Mantova, e Roveredo.

Num. II.

VOÏAGE

De Bologne, à Trente, par Modene, Mirandole, Mantoue, & Roveréde.

Da Bologna, a Mantova, sono Poste 11. vedi il num. 10.	De Bologne, à Mantoüe, il y a 11. Postes, vois le nombre 10.
Da Mantova, a Roverbella.	De Mantoüe, à Roverbelle. p. 1. & demi.
Da Roverbella, a Castelnuovo.	De Roverbelle, à Chateauneuf. p. 1.
Si passa il Fiume Adice in barca, e si paga.	On passe la Riviere Adice en Barque, & on païe.
Da Castelnuovo, alla Chiusa.	De Chateauneuf, à la Chiusa. p. 1.
Dalla Chiusa, a Peri.	De la Chiusa, à Peri. p. 1.
Da Peri, a Ala.	De Peri, à Ala. p. 1.
Da Ala, a Roveredo.	De Ala, à Roverede. p. 1.
Da Roveredo, a Trento.	De Roverede, à Trente. p. 1.
Sono Poste 7., e mezza: miglia 60.	Il y a 7. Postes, & demi: milles 60.

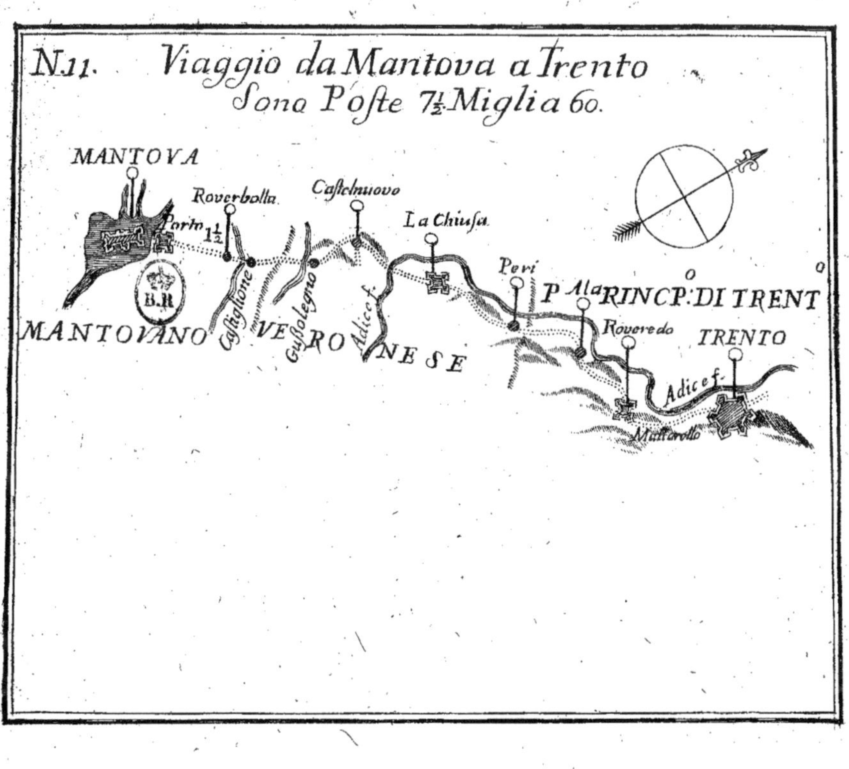

N.11.
Viaggio da Mantova a Trento
Sono Poste 7½. Miglia 60.
MANTOVA
Roverbolla
Castelnuovo
Porto 1½
La Chiusa
MANTOVANO
B.R
Castiglione
VE
Gussolegno
RO
NE SE
Adice f.
Peri
P. Ala
RINCP: DI TRENT
Roveredo
TRENTO
Adice f.
Mattorollo

VIAGGIO

Da Bologna, a Venezia,
per la via di Modena,
Mirandola, Mantova,
Lignago, e Padova, e
da Mantova, a Brescia,
e Bergamo .

Num. 12.

VOÏAGE

De Bologne, à Venise,
par Modene, Miran-
dole, Mantoue, Li-
gnago, & Padoue, &
de Mantoue, a Bre-
scia, & Bergame .

Da Bologna, a Mantova, sono Poste 11. vedi il num. 10.	De Bologne, à Mantoüe. il y a 11. Postes, vois le nombre 10.
Da Mantova, a Castellaro,	De Mantoüe, au Castellaro. p.1.& demi.
Da Castellaro, a Sanguinetto.	Du Castellaro, a Sanguinetto. p.1.
Da Sanguinetto, a Bevilacqua.	De Sanguinetto, à Bevilacqua. p.1.& demi.
Da Bevilacqua, a Este.	De Bevilacqua, à Este. p.1.& demi.
Da Este, a Monselese.	De Este, à Monselese. p.1.
Da Monselese, a Padova.	De Monselese, à Padoüe. p.1.& demi.
Da Padova, al Dolo.	De Padoüe, au Dole. p.1.& demi.
Dal Dolo, a Fusina.	Du Dole, à Fusine. p.1.& demi.
Da Fusina, a Venezia si va in barca, e vi sono miglia 5.	De Fusine, a Venise, on va en barque & il y a 5. mille.
Sono Poste 11. miglia 106.	Il y a 11. Postes. milles 106.

Viaggio da Mantova, a Bergamo.	Voïage de Mantoüe, a Bergame.
Da Mantova, a Goito.	De Mantoüe, à Goito. p.1.& demi.
Da Goito, a Castiglione.	De Goito, à Castiglione. p.1.& demi.
Da Castiglione, a Brescia,	De Castiglione, à Bresse. p.2.
Da Brescia, allo Spedaletto.	De Bresse, au petit Hôpital. p.1.
Dallo Spedaletto, a Palazzolo.	Du petit Hôpital, à Palazzolo. p.1.& demi.
Da Palazzolo, a Bergamo.	De Palazzolo, à Bergame. p.1.& demi.
Sono Poste 9. miglia 76.	Il y a 9. Postes. milles 76.

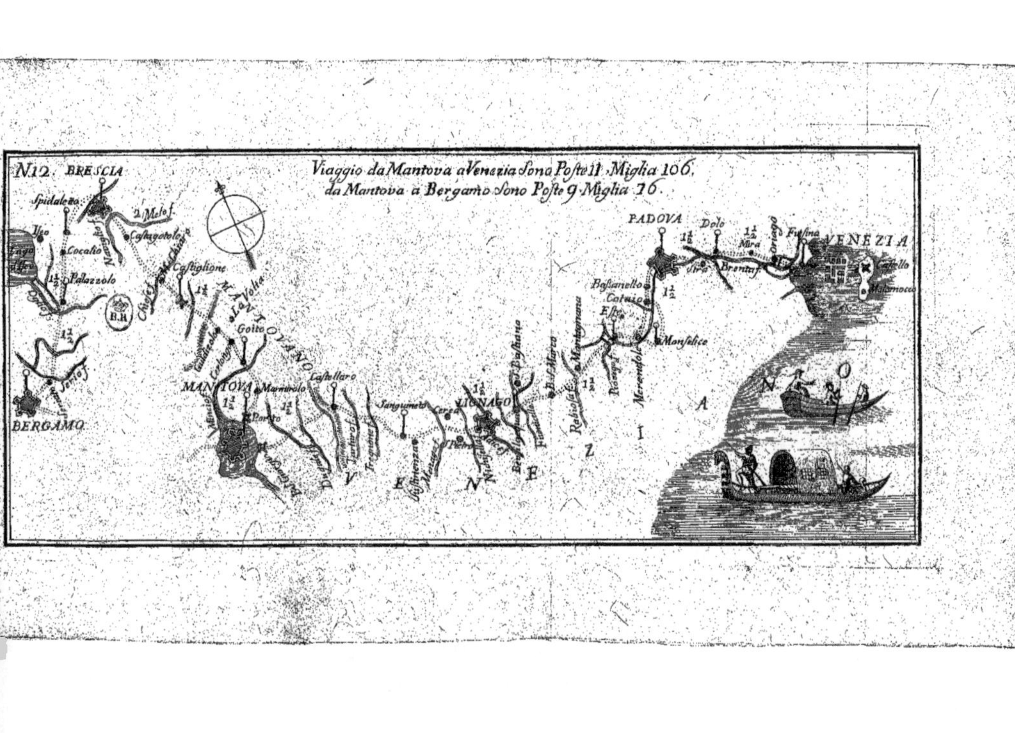
N.12. BRESCIA
Viaggio da Mantova a Venezia Sono Poste 11 Miglia 106.
da Mantova a Bergamo Sono Poste 9 Miglia 76.
Spidaletto
Iseo
Lago d'Iseo
Cocalio
2 Mele f.
Palazzolo
Castagotole
Castiglione
Chiefe
La Volta
M A N T O V A N O
Goito
B.R.
Serio f.
BERGAMO
MANTOVA
Marmirolo
Castellaro
Porto
Sanguinetto
VIGNAGO
V E N E
PADOVA
Dolo
Mira
Brenta
VENEZIA
Mira
Castello
Malamocco
Bassanello
Cotnio
Este
Monselice
Montagnana
A   N   O
Z   I
A

VIAGGIO

Da Bologna, a Mantova, par la via di Cento, e Ferrara, e da Ferrara, a Faenza, per la via di Lugo.

Num. 13.

VOÏAGE

De Bologne, à Mantoue, par Cento, Ferrare, & de Ferrare, à Faïence, par Lugo.

Da Bologna, a Mantova, per Ferrara, e da Fer- rara, a Faenza.	*De Bologne, à Mantoüe, par Ferrare, & de Ferrare, à Faïence.*

Da Bologna, a S. Giorgio.

De Bologne, à S. Geor- ge.   p. 1. & demi.

Si paſſa il Naviglio Fiume ſul Ponte, e ſi paga Paoli uno.

On paſſe la Riviere Na- voglio ſur le Pont, & on paie un Paule.

Da S. Giorgio, a Cento Città.

De S. George, à Cento Ville.   p. 1.

Si paſſa il Reno Fiume in bar- ca, e ſi paga.

On paſſe la Riviere de Re- no en barque, & on paie.

Da Cento, a S. Carlo.

De Cento, à S. Charles. p. 1.

Da S. Carlo, a Ferrara Città.

De S. Charles, à Ferrare Ville.   p. 1. & demi.

Da Ferrara, a Palantone.

De Ferrare, à Palantone. p. 1.

Si paſſa il Poatello in bar- ca, e ſi paga.

On paſſe le Poatello en barque, & on paie.

Da Palantone, a Maſſa.

De Palantone, à Maſſa. p. 1.

Si paſſa il Pò Fiume in Bar- ca, e ſi paga.

On paſſe le Fleuve Pò en barque, & on paie.

Da Maſſa, a Oſtiglia.

De Maſſa, à Oſtiglie.   p. 1.

Da Oſtiglia, a Governolo.

De Oſtiglie, à Gover- nole.   p. 1.

Da Governolo, a Mantova.

De Governole, à Man- toüe Ville.   p. 1. & demi.

Queſto Viaggio ſi può fare tutto per Acqua.

Ce Voïage on peut faire toute par Eaux.

Sono Poſte 10., e mezza : mi- glia 80.

Il y a 10. Poſtes, & demi : mil- les 80.

Da Ferrara, a Faenza.	*De Ferrare, à Faïence.*

Da Ferrara, a S. Niccolò.

De Ferrare, à S. Nico- las.   p. 1. & demi.

Da S. Niccolò, ad Argenta.

De S. Nicolas, à Ar- genta.   p. 1.

Da Argenta, alle Caſe Bru- ciate.

De Argenta, aux Mai- ſons Brules.   p. 1.

Dalle Caſe Bruciate, a Lugo.

Des Maiſons Brulés, à Lugo   p. 1.

Si paſſa il Pò di Primaro in barca, e ſi paga.

On paſſe le Pò de Pri- maro en barque, & on paie.

Da Lugo, a Faenza Città.

De Lugo, à Faïence Ville.   p. 1. & demi.

Sono Poſte 6. miglia 47.

Il y a 6. Poſtes : milles 47.

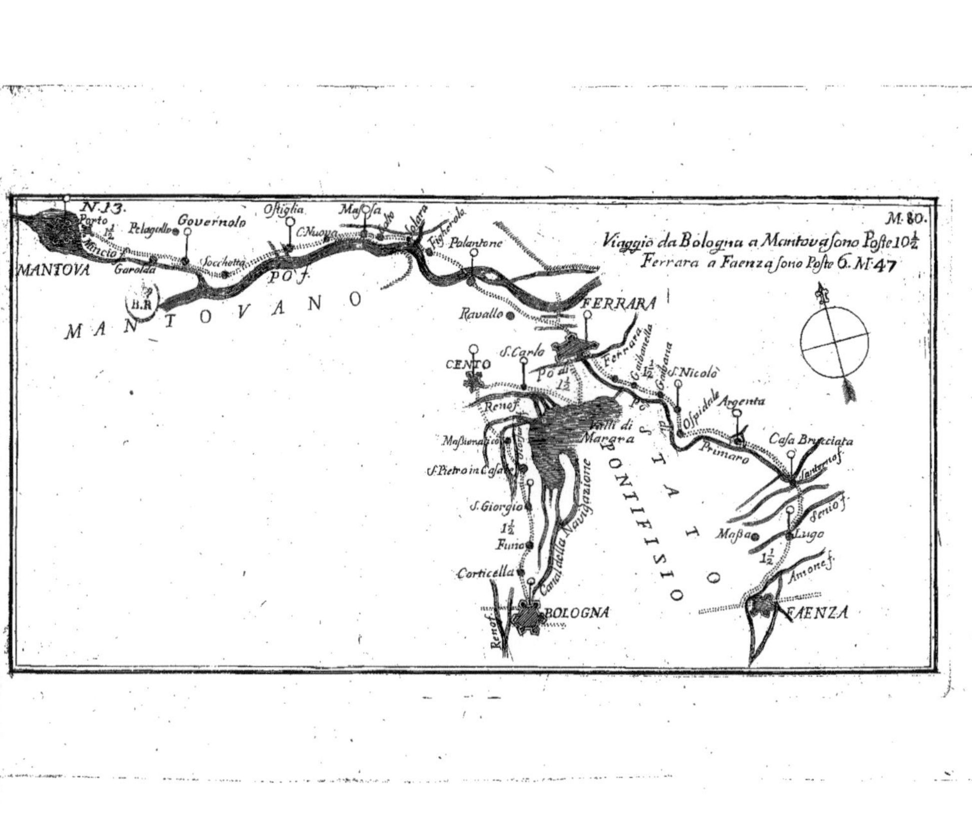

N.13.
M. 80.
Viaggio da Bologna a Mantova sono Poste 10½
Ferrara a Faenza sono Poste 6. N.° 47
MANTOVA
Porto
Pelagallo
Governolo
Ostiglia
Massa
Solara
Mincio f.
Garolda
Socchetta
C.Nuova
Figherola
Polantone
PO f.
MANTOVANO
B.R
Ravallo
FERRARA
S.Carlo
CENTO
Ferrara
Gaibanella
Gaibana
S.Nicolò
Po di
Reno f.
Po di
Ospidale
Argenta
Massumatico
Valli di
Margra
Casa Brucciata
S.Pietro in Casale
STATO
Primaro
Santerno f.
PONTIFISIO
S.Giorgio
Massa
Senio f.
Lugo
1½
Funo
1½
Amone f.
Corticella
Canal della Navigazione
Reno f.
BOLOGNA
FAENZA

VIAGGIO

Da Bologna, a Turino, per la via di Modena, Reggio, *Parma*, Piacenza, Tortona, Alessandria, e *Asti*, e da Turino, a Genova, per la via d' *Asti*, Alessandria, e Novi.

Da Bologna, a Piacenza, sono Poste 12. vedi il num. 16.

Da Piacenza, a Castel S. Giovanni. Si passa la *Trebbia* Fiume in barca, e si paga secondo l'acqua, che vi sarà dovendosi riportare alle Tariffe.

Da Castel S. Giovanni, a Brono, Si passa il *Tidone* Fiume in barca quando vi è dell' acqua, e si paga Paoli uno; quando non vi è acqua non si paga nulla.

Num. 14.

VOÏAGE

De Bologne, à Turin; par Modene, Reggio, Parme, Plaisance, Tortone, Alexandrie, & Asti, & de Turin, à Gennes, par Asti, e Alexandrie, & Novi.

De Bologne, à Plaisance, il y a 12. Postes. vois le nombre 16.

De Plaisance, à Chateau Saint Jean.   p. 2.
On passe la Riviere Trebbia en barque, & on païe selon l'eau qu'on y trouve; s'en devant rapporter au Tarif.

De Chateau Saint Jean, à Brone.   p. 1.
On passe la Riviere Tridone en barque, quand il y a de l'eau, on païe un Paule, & quand il n'y a point d'eau on ne païe rien.

Da Brono, a Voghera.	De Brone, à Voghere. p.2. & demi.
Da Voghera, a Tortona.	De Voghere, à Tortone. p.1. & demi.
Si passa la Scrivia Fiume in barca, e si paga conforme l'acqua che vi sarà.	On passe la Riviere Scrivie en barque, & on paie selon l'eau qu'on trouve.
Da Tortona, ad Alessandria.	De Tortone, à Alexandrie. p.2.
Si passa il Burmia Fiume in barca, e si paga Paoli uno.	On passe la Riviere Burmie en barque, & on paie un Paule.
Da Alessandria, a Fellizano.	De Alexandrie, à Fellizane. p.1.
Da Fellizano, ad Annone.	De Fellizane, à Annone. p.1.
Da Annone, ad Asti.	De Annone, à Asti. p.1.
Si passa lo Stirone Fiume, e si paga.	On passe la Stirone Riviere, & on paie.
Da Asti, a Gambetta.	De Asti, a Gambetta. p.1.
Da Gambetta, a S. Michele.	De Gambetta, a Saint Michel. p.1.
Da S. Michele, a Porrino.	De Saint Michel, à Porrin. p.1.
Da Porrino, a Trufarello.	De Porrin, à Trufarelle. p.1.
Da Trufarello, a Turino.	De Trufarelle, à Turin. p.1.
Sono Poste 17. miglia 128.	Il y a 17. Postes; milles 128.

Da Turino, a Genova.	De Turin, à Gennes.
Da Turino, a Trufarello.	De Turin, à Trufarel. p.1.
Da Trufarello, a Porrino.	De Trufarel, a Porin: p.1.
Da Porrino, a S. Michele.	De Porin, à S. Michel. p.1.
Da S. Michele, a Gambetta.	De S. Michel, à Gambetta. p.1.
Da Gambetta, ad Asti.	De Gambetta, à d'Asti. p.1.
Da Asti, ad Annone.	De Asti, à Anone. p.1.
Da Annone, a Filissano.	De Anone, à Filisano. p.1.
Da Filissano, ad Alessandria.	De Filisano, à Alexandri. p.1.
Da Alessandria, a Novi.	De Alexandri, à Novi. p.2.
Da Novi, a Voltagio.	De Novi, à Voltaggio. p.2.
Qui si passa una Catena, e si paga due Paoli per ogni Sedia a due Ruote.	Ici on passe une Chaine, & on paie deux Paules pour chaque chaise de deux roues.
Da Voltaggio, a Campo Marrone.	De Voltaggio, à Campo Marrone. p.2.
Da Campo Marrone, a Genova.	De Campo Marrone, à Gennes. p.1. & demi.
Sono Poste 15. e mezza.	Il y a 15. Postes & demi.

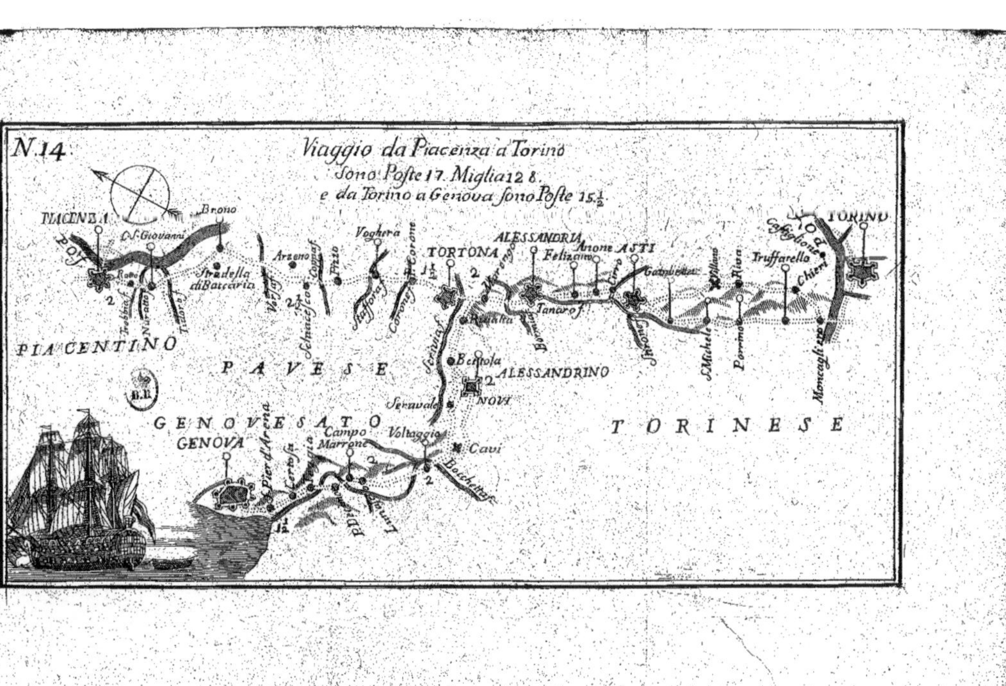

N.14.
Viaggio da Piacenza a Torino
Sono Poste 17. Miglia 12 8.
e da Torino a Genova sono Poste 15 1/2.
PIACENZA
Brono
S. Giovanni
Rotto
Stradella di Baccaria
Trebbia f.
Nuratto f.
Tidora f.
Varza f.
Schnacesco f.
Coppa f.
Pizzo
Arzeno
PIACENTINO
PAVESE
GENOVESATO
GENOVA
Voghera
Staffora f.
Corone f. Corone
TORTONA
ALESSANDRIA
Felizano
Anone
ASTI
Marengo
Bormida f.
Tanaro f.
Aquata
Gambidea
S. Michele
Pomaro
Riara
Truffarella
Chieri
Cazorla
Moncaglieri
TORINO
Po
Bertola
ALESSANDRINO
Seravale
NOVI
Voltaggio
Cavi
Bocchetta f.
Campo Marrone
S. Pier d'Arena
Corta
Pia
Turcht f.
TORINESE

Num. 15.

VIAGGIO

Da Bologna, a Turino, e da Turino, a Milano, per la via di Vercelli, e Novara.

Num. 15.

VOÏAGE

De Bologne, à Turin, & de Turin, à Milan, par Vercelli, & Novare.

Da Bologna, a Turino, sono Poste 29. vedi il num. 16., e 14.	De Bologne, à Turin, il y a 29. Postes, vois le nombre 16., & 14.

Da Turino, a Settimo.
Si paßa la Stura, e Melone Fiumi, e si paga.

De Turin, à Settime. p. 1.
On paſſe les Rivieres Sture, & Melone, & on paie.

Da Settimo, a Chivaſco.
Si paßa il Baltia, e Dora Fiumi, e si paga.

De Settime, à Chivaſco. p. 1.
On paſſe les Rivieres de Baltia, & Dora, & on paie.

Da Chivaſco, a Cigliano.

De Chivaſco, à Cigliane. p. 1. & demi.

Da Cigliano, a S. Germano.

De Cigliane, à Saint Germain. p. 1. & demi.

Da S. Germano, a Vercelli.

De Saint Germain, à Vercel. p. 1.

Si paſſa la Seſſia Fiume, e si paga.

On paſſe la Riviere Seſſia, & on paie.

Da Vercelli, a Novara.
Si paſſa la Gogna Fiume, e quando v' è acqua, si paga Paoli uno.

De Vercel, à Novare. p. 1. & demi.
On paſſe la Riviere Gogna, & quand il y a de l'eau on paie un Paule.

Da Novara, a Bufalora.
Si paſſa il Teſino Fiume in barca, e si paga secondo l' acqua, che vi sarà.

De Novare, à Bufalore. p. 1. & demi.
On paſſe la Riviere Teſin en barque, & on paie selon l'eau qu' on y trouve.

Da Bufalora, a S. Pier dell' Olmo.

De Bufalore, à Saint Pierre de l'Olme. p. 1.

Da S. Pier dell' Olmo, a Milano.
Sono Poste 11. miglia 94.

De Saint Pierre de l'Olme, à Milan. p. 1.
Il y a 11. Postes, milles 94.

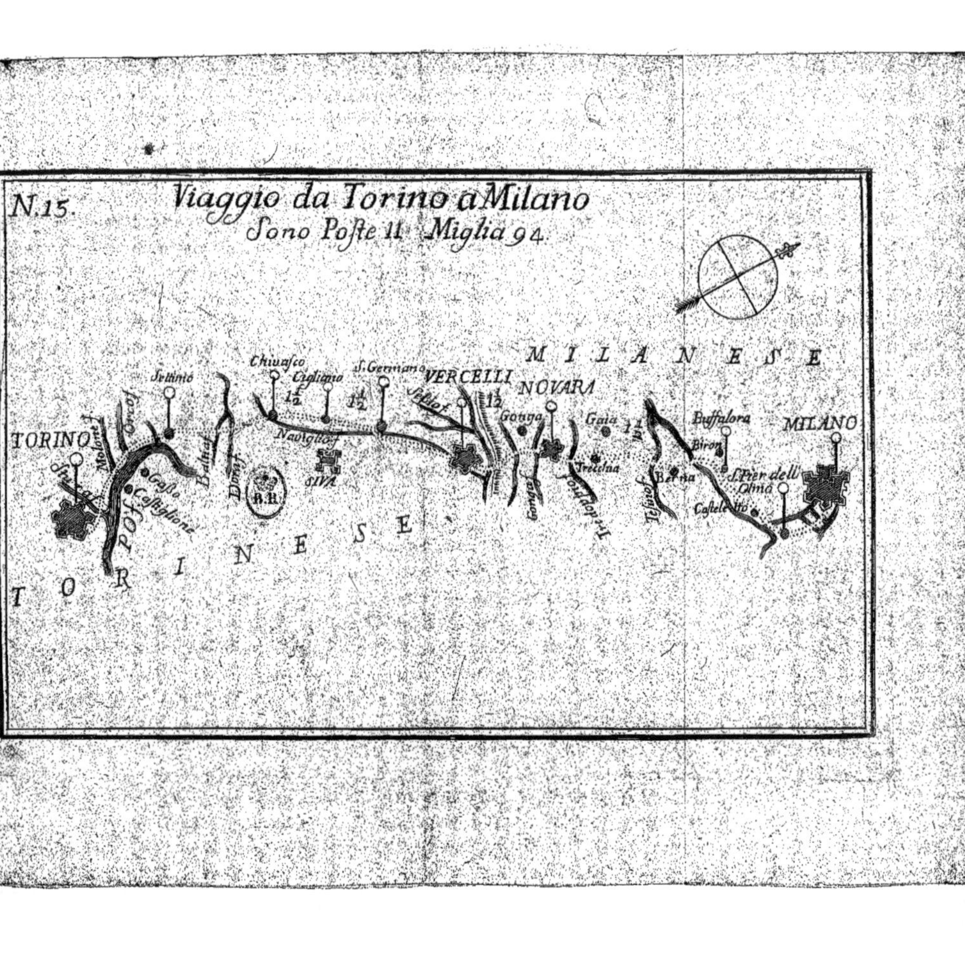
N.15.
Viaggio da Torino a Milano
Sono Poste 11 Miglia 94.
MILANESE
Chivasco
Cigliano
S. Germano
VERCELLI
NOVARA
Settimo
Buffalora
MILANO
TORINO
Naviglio
SIVA
Gattinara
Gaia
Biron
S. Pier dell
Olmà
Castelletto
TORINESE

VIAGGIO

Da Bologna, a Milano, per la via di Modena, Reggio, Parma, Piacenza, e Lodi, e da Bologna, a Genova, per la via di Piacenza, Tortona, e Navi.

Num. 16.

VOÏAGE

De Bologne, à Milan, par Modene, Reggio, Parme, Plaïsance, & Lodi, & de Bologne, à Gennes, par Plaïsance, Tortone, & Novi.

Da Bologna, a Milano.	De Bologne, à Milan.
Da Bologna, alla Samoggia.	De Bologne, à la Samoggia . . . . . . p. 1. & demi.
Si passa il Reno Fiume sul Ponte, e si paga Paoli uno.	On passe la Riviere Reno sur le Pont, & on paie un Paule.
Dalla Samoggia, a Modena.	De la Samoggia, à Modene . . . . p. 1. & demi.
Si passa il Panaro Fiume in barca, e si paga Paoli uno, e soldi 8	On passe le Panaro Fleuve en barque, on paie 1. Paule, & 8. sols.
Da Modena, a Rubiera,	De Modene, à Rubiere . p. 1.
Si passa Secchia Fiume, e si paga Paoli due.	On passe la Secchia Riviere en barque, & on paie deux Paules.
Da Rubiera, a Reggio.	De Rubiere, à Reggio. p. 1.
Da Reggio, a S. Eulalia.	De Reggio, à S. Eulalie. p. 1.
Si passa Lenza Fiume sul Ponte, e si paga Paoli uno.	On passe la Riviere Lenza sur le Pont, & on paie un Paule.

Da S. Eulalia, a Parma.	De S. Eulalia, à Parme. p. 1.
Da Parma, a Castel Guelfo.	De Parme, au Chateau Guelfe. p. 1.
Si paſſa il Taro Fiume, e ſi paga Paoli due.	On paſſe la Riviere Taro, & on paie deux Paules.
Da Castel Guelfo, a Borgo San Donino.	Du Chateàu Guelfe, au Bourg Saint Donnin. p. 1.
Da Borgo S. Donino, a Fiorenzola.	De Bourg Saint Donnin, à Fiorenzole. p. 1.
Si paſſa lo Stirone Fiume, e ſi paga Paoli uno.	On paſſe la Riviere Stirone, & on paie un Paule.
Da Fiorenzola, a Piacenza.	De Fiorenzole, à Plaiſance. p. 2.
Da Piacenza, a Zorleſco.	De Plaïſance, à Zorleſco. p. 2.
Si paſſa il Pò Fiume in barca, e ſi paga Paoli trè, e mezzo.	On paſſe le Fleuve Pò en barque, & on paie 3. Paules, & demi.
Da Zorleſco, a Lodi.	De Zorleſco, à Lodi. p. 1.
Da Lodi, a Marignano.	De Lodi, a Marignane. p. 1.
Si paſſa il Lambro Fiume, e ſi paga.	On paſſe la Riviere Lambre, & on paie.
Da Marignano, a Milano.	De Marignane, à Milan. p. 1.
Sono Poſte 17. miglia 157.	Il y a 17. Poſtes : milles 157.

Da Piacenza, a Genova.	De Plaïſance, à Gennes.
Da Piacenza, a Castel S. Giovanni.	De Plaïſance, à Chateau S. Jean. p. 2.
Da Castel S. Giovanni, a Bronio.	De Chateau S. Jean, à Brogne. p. 1.
Da Bronio, a Voghera.	De Brogne, à Vogguier. p. 1. & demi.
Da Voghera, a Tortona.	De Vogguier, à Tortone. p. 1. & demi.
Da Tortona, a Novi.	De Tortone, à Novi. p. 2.
Da Novi, a Voltaggio.	De Novi, a Voltaggio. p. 2.
Qui ſi paſſa una Catena, e ſi paga Paoli due per ogni Sedia a due ruote.	Ici on paſſe une Chaine, & on paie deux Paules pour chaque chaiſe de deux roües.
Da Voltaggio, a Campo Marrone.	De Voltaggio, à Campo Marrone. p. 2.
Da Campo Marrone, a Genova.	De Campo Marrone, à Gennes. p. 1. & demi.
Sono Poſte 12., e mezza.	Il y a 14. Poſtes : & demi.

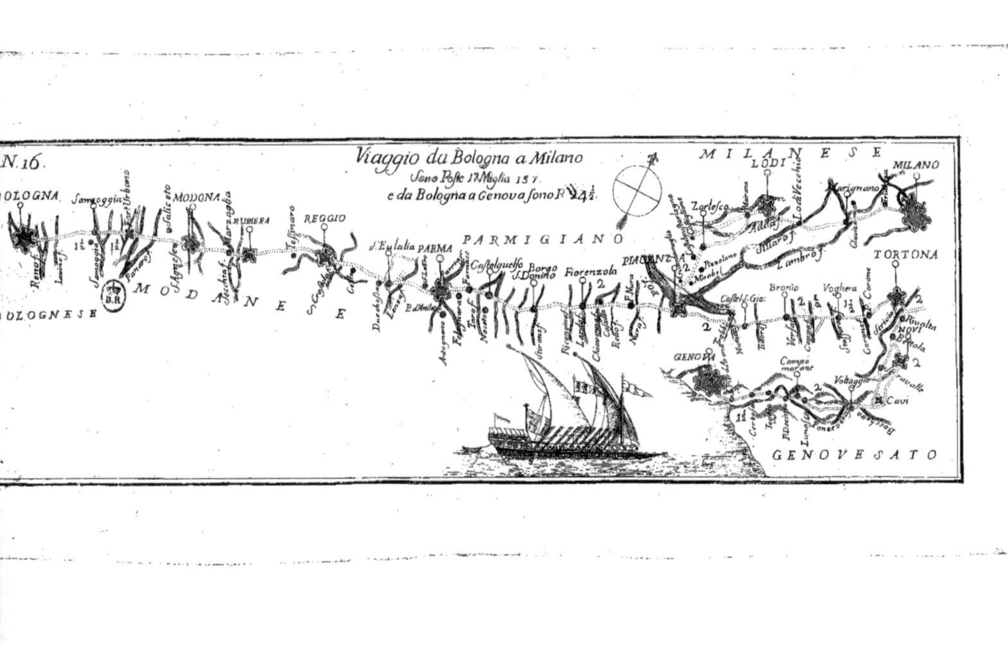

N. 16.
Viaggio da Bologna a Milano
Sono Poste 17 Miglia 157.
e da Bologna a Genova sono P. 14½.
BOLOGNA
BOLOGNESE
Reno f.
Lavino f.
Samoggia
1½
Samoggia
B.R.
Fort Urbano
Panaro f.
MODANESE
Saliceto
S. Agnese f.
MODONA
Secchia f.
Marzaglia
RUBERA
1½
Tessinaro
REGGIO
S. Crostolo f.
Crostolo f.
S. Eulalia PARMA
PARMIGIANO
Parma f.
Formice
Castelguelfo
Borgo S. Donino
Fiorenzola
MILANESE
LODI
Lodi Vecchio
Zorlesco
Adda f.
Lambro f.
Mirignano
MILANO
TORTONA
PIACENZA
2
Castel S. Gio.
Branio
Voghera
1½
2
NOVI
B.
Arquata
Serravalle
2
Campo marone
Voltaggio
Cavi
GENOVA
Bocchetta
1½
GENOVESATO

VIAGGIO

Da Bologna, a Milano, per la via di Modena, Mirandola, Mantova, Cremona, Pizzighettone, e Lodi, e da Bologna, a Mantova, per la via di Modena, Reggio, Parma, e Guastalla.

Num. 17.

VOÏAGE

De Bologne, à Milan, par Modene, Mirandole, Mantoüe, Cremone, Pizziqueton, & Lodi, & de Bologne, à Mantoüe, par Modene, Reggio, Parme, & Guastalle.

Da Bologna, a Modena,
sono Poste tre,
vedi il num. 16.

De Bologne, a Modene,
il y a Poftes tres,
vois le nombre 16.

Da Modena, a Buonporto.

De Modene, à Buon-
porto. p. 1.

Da Buonporto, alla Mirandola.

De Buonporto, à la Mi-
randole. p. 2.

Dalla Mirandola, alla Concordia.

De la Mirandole, à la
Concorde. p. 1.

Dalla Concordia, a Quingentolo.

De la Concorde, à Quin-
gentolo. p. 1. & demi.

Da Quingentolo, a Governolo.

De Quingentolo, à Go-
vernolo. p. 1.

Da Governolo, a Mantova Città.

De Governolo, à Man-
toüe Ville. p. 1. & demi.

Da Mantova, a Caftellaccio.

De Mantoüe, à Caftel-
laccio. p. 1.

Da Caftellaccio, a Marzaja.

De Caftellaccio, à Mar-
zaja. p. 1.

Da Marzaja, a Bozzolo.

De Marzaja, à Bozzolo. p. 1.

Da Bozzolo, a Voltino.

De Bozzolo, à Voltine. p. 1.

Da Voltino, alla Pieve di S.
Giacomo.

De Voltine, à la Pieve
de S. Jacques. p. 1.

Dalla Pieve di S. Giacomo, a
Cremona Città.

De la Pieve de S. Jacques,
à Cremone Ville. p. 1.

Da Cremona, a Pizzighettone
Città.

De Cremone, à Picighe-
ton Ville. p. 1.

Da Pizzighettone, a Zurlefco.

De Picigheton, à Zur-
lefco. p. 1.

Da Zurlefco, a Lodi.

De Zurlefco, à Lodi. p. 1.

Da Lodi, a Marignano.

De Lodi, à Marignano. p. 1.

Da Marignano, a Milano.
Sono Pofte 19. miglia 170.

De Marignano, à Milan. p. 1.
Il y a 19. Poftes, milles 170.

Da Bologna, a Parma,
sono Pofte 7.,
vedi il num. 16.

De Bologne, à Parme,
il y a Poftes 7.,
vois le nombre 16.

Da Parma, a Brefcello.

De Parme, à Berfelle. p. 2.

Da Brefcello, a Guaftalla.

De Berfelle, à Guaftal-
le. p. 1.

Da Guaftalla, a Borgoforte.

De Guaftalle, à Borgo-
forte. p. 2.

Da Borgoforte, a Mantova.

De Borgoforte, à Man-
toüe. p. 1.

Sono Pofte 6. miglia 52.

Il y a 6. Poftes: milles 52.

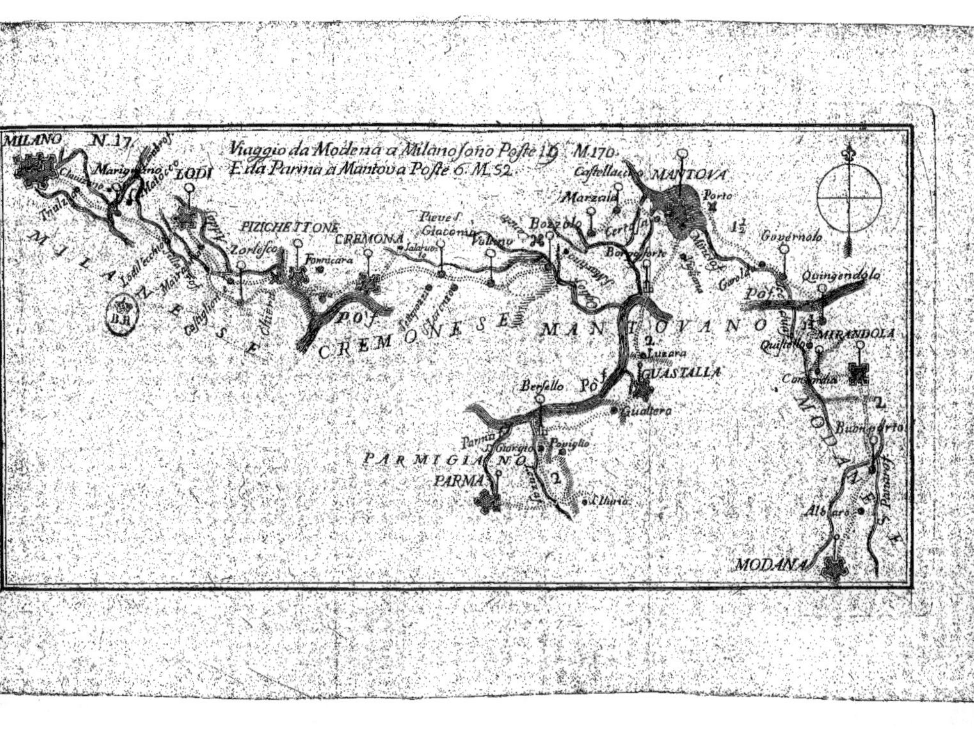
MILANO N. 17.
Viaggio da Modena a Milano sono Poste 19. M. 170.
E da Parma a Mantova Poste 6. M. 52.
Marignano
LODI
Thula
PIZICHETTONE
Zorlesco
Fornicara
CREMONA
Pieve S. Giacomo
Salaruolo
Voltido
Bozzolo
Castellaccio
MANTOVA
Marzale
Porto
Governolo
Quingendola
Borgoforte
Carola
MILANESE
CREMONESE
MANTOVANO
Pò
Luzara
GUASTALLA
Berfello
Gualtiero
MIRANDOLA
Quistello
Concordia
Bubinadorto
PARMIGIANO
PARMA
Parma
S. Giorgio
Poviglio
S. Ilario
MODANESE
Albaro
MODANA

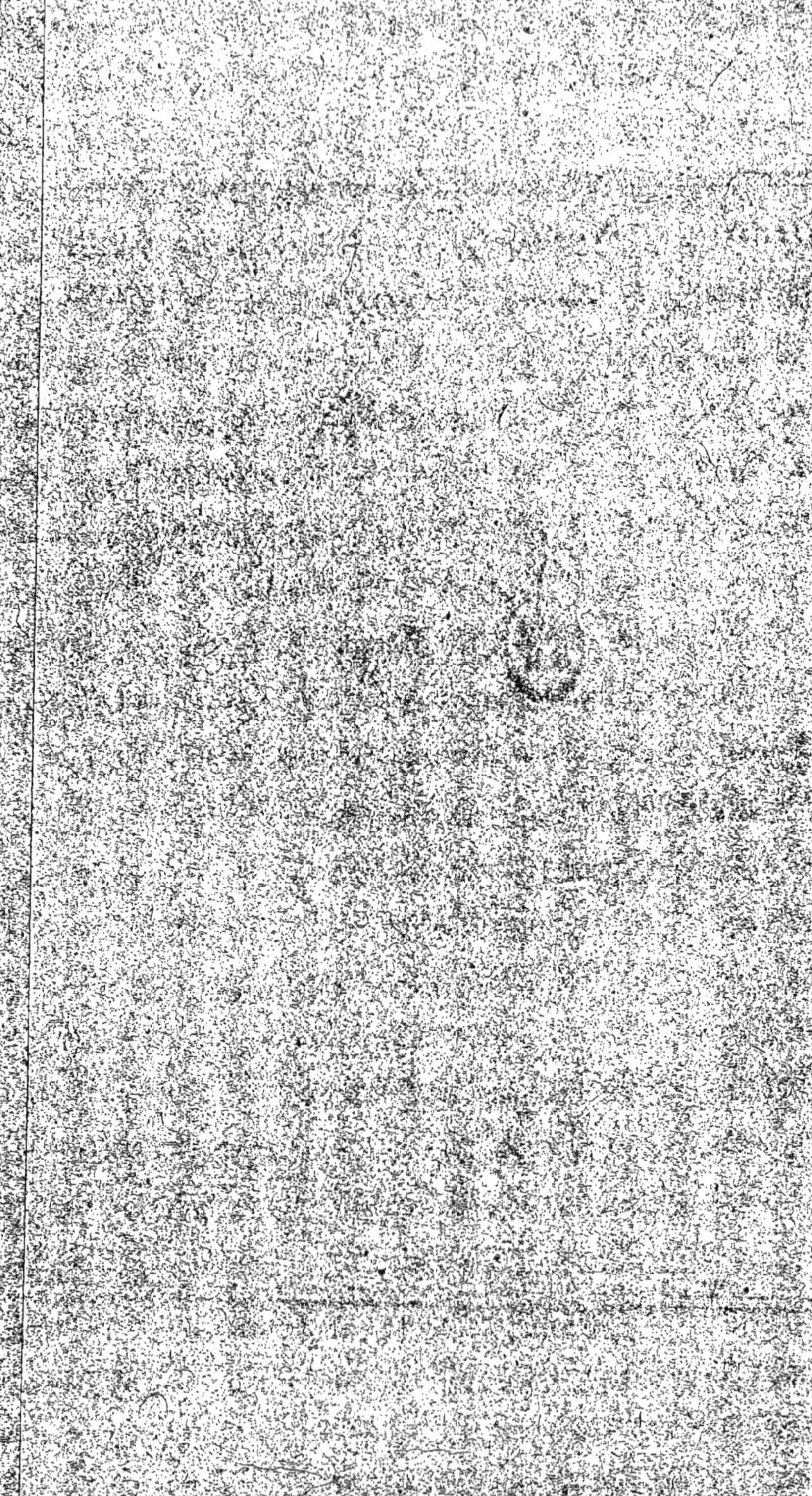

VIAGGIO

Da Bologna, a Milano, e da Milano, a Venezia, per la via di Bergamo, Brescia, Verona, Vicenza, e Padova.

VOÏAGE

De Bologne, à Milan, & de Milan, à Venise, par Bergame, Brescia, Verone, Vicence, & Padoue.

Da Bologna, a Milano, sono Poste 17., vedi il num. 16.	*De Bologne, a Milan, il y a 17. Postes, vois le nombre 16.*
Da Milano, a Colombarolo.	De Milan, à Colombarole. p. 1. & demi.
Da Colambarolo, alla Canonica.	De Colombarole, à la Canonique. p. 1.
Si passa l' Adda Fiume in barca, e si paga Paoli uno.	On passe la Riviere Adda en barque, & on paie un Paule.
Dalla Canonica, a Bergamo Città.	De la Canonique, à Bergame Ville. p. 1. & demi.
Da Bergamo a Cavernago.	De Bergame, à Cavernago. p. 1.
Da Cavernago a Palazzolo.	De Cavernago, à Palazzole, p. 1.
Da Palazzolo, allo Spedaletto.	De Palazzole, au Spedaletto. p. 1. & demi.
Dallo Spedaletto, a Brescia Città.	Du Spedaletto, à Bresse Ville. p. 1.
Da Brescia, a Ponte S. Marco.	De Bresse, au Pont Saint Marc. p. 1. & demi.
Da Ponte S. Marco, a Desenzano.	Du Pont Saint Marc, à Desenzane. p. 1.
Da Desenzano, a Castel Nuovo.	De Desenzane, au Chateau Neuf. p. 1. & demi.
Da Castel Nuovo, a Verona Città.	Du Chateau Neuf, à Verone Ville. p. 1. & demi.
Da Verona, a Caldero.	De Verone, à Caldero. p. 1.
Da Caldero, a Monte bello.	De Caldero, à Montebello. p. 1. & demi.
Da Monte bello, a Vicenza Città,	De Montebello, à Vicence Ville. p. 1.
Da Vicenza, a Slesega.	De Vicence, à Slesega. p. 1.
Da Slesega, a Padova Città.	De Slesega, à Padoüe Ville. p. 1.
Da Padova, al Dolo.	De Padoüe, au Dole. p. 1. & demi.
Dal Dolo, a Fusina.	Du Dole, à Fusine. p. 1. & demi.
Da Fusina, a Venezia si va in barca, e vi sono Miglia 5.	De Fusine, à Venise, on va en barque, & il y a 5. Milles.
Sono Poste 22., e mezza: miglia 194.	Il y a 22. Postes, & demi: milles 194.

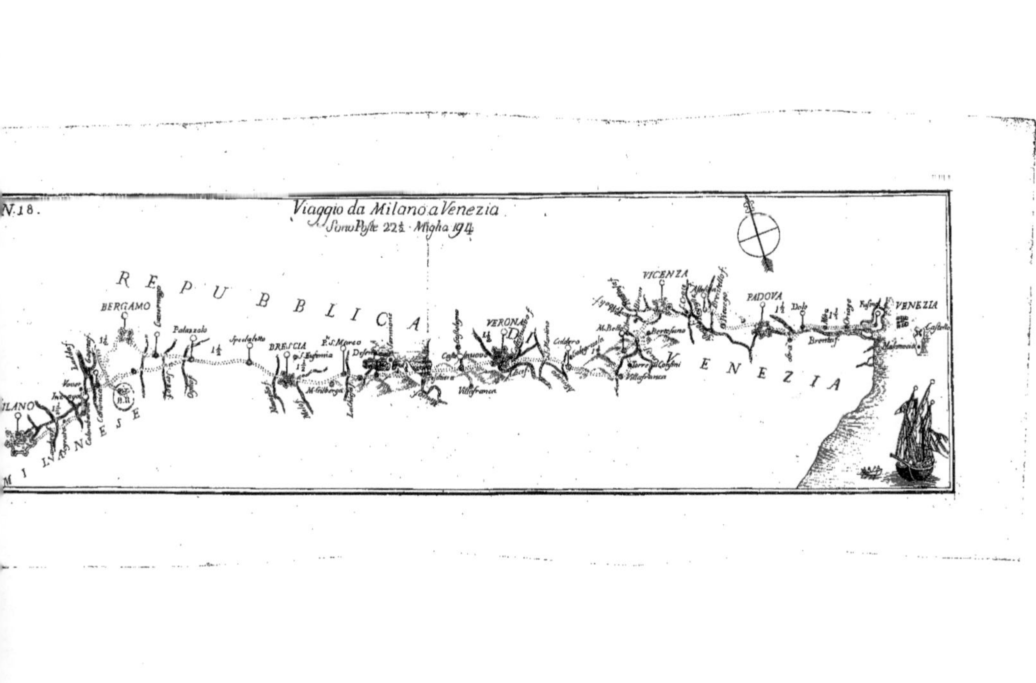

N.18.
Viaggio da Milano a Venezia
Sono Poste 22½ · Miglia 194
REPUBBLICA DI VENEZIA
MILANO
MILANESE
BERGAMO
Palazzolo
Spedaletto
BRESCIA
S. Eufemia
E.S. Marco
Desenzano
VERONA
Villafranca
Caldiero
VICENZA
M. Bello
Bertefana
Torre di Confini
Villafranca
PADOVA
Dolo
Brenta
VENEZIA
Chioggia

VIAGGIO

Da Bologna, a Milano, e
da Milano, a Genova,
per la via di Pavia,
Tortona, e Novi.

Num. 19.

VOÏAGE

De Bologne, à Milan,
& de Milan, à Gen-
nes, par Pavie, Tor-
tone, & Novi.

Da Bologna, a Milano, sono Poſte 17., vedi il num. 16.	**De Bologne, à Milan,** il y a 17. Poſtes, vois le nombre 16.
Da Milano, a Binaſco.	De Milan, à Binaſco. p. 1.
Da Binaſco, a Pavia Città.	De Binaſco, à Pavie Ville. p. 1.
Si paßa il Teſino, e il Pò Fiumi in barca, e ſi paga Paoli uno.	On paſſe le Teſin, & le Fleuve Pò en barque, & on païe un Paul.
Da Pavia, a Voghera.	De Pavie, à Voghere. p. 2.
Da Voghera, a Tortona Città.	De Voghere, à Tortone Ville. p. 1. & demi.
De Tortona, a Novi Città.	De Tortone, à Novi Ville. p. 2.
Da Novi, a Voltaggio.	De Novi, à Voltaggio. p. 2.
Quì ſi paſſa una Catena, e ſi paga Paoli due per ogni Sedia da due rote.	Ici on paſſe une Chaine, & on païe deux Paules pour chaque chaiſe de deux roües.
Da Voltaggio, a Campo Marrone.	De Voltaggio, à Campo Marrone. p. 2.
Da Campo Marrone, a Genova.	De Campo Marrone, à Gennes. p. 1. & demi.
Sono Poſte 13. miglia 104.	Il y a 13. Poſtes, milles 104.

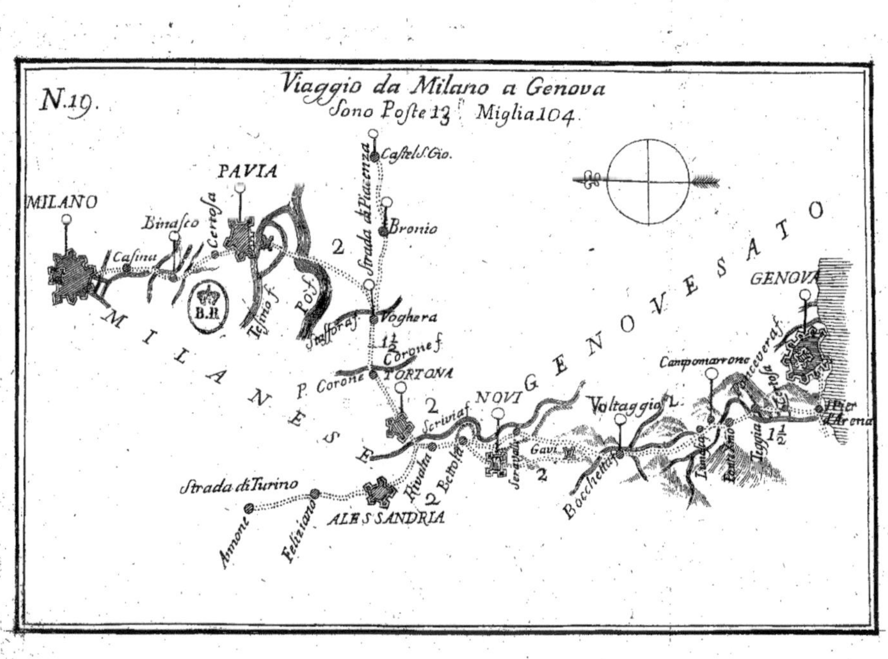

N.19.
Viaggio da Milano a Genova
Sono Poste 13 Miglia 104.
MILANO
Casina
Binasco
Cerrosa
PAVIA
Castel S. Gio.
Strada di Piacenza
Bronio
B.R.
Tesino f.
Po f.
Stafforaf.
Voghera
2
Corone f.
1½
P. Corone
TORTONA
MILANESE
Scrivia f.
NOVI
GENOVESATO
GENOVA
Canpomarrone
Acceverd f.
Voltaggio L.
2
Rivalta
Betolo f.
2
Seravel
Gavi M.
Bocchetto f.
Pontedeci
Ligna
1½
Pier d'Arena
Strada di Turino
Annoni
Feliziano
ALESSANDRIA

VIAGGIO

Da Bologna, a Genova, e da Genova, a Pisa, per la via di Sarzana, la Venza, e Massa sempre dietro la Riviera.

Num. 20.

VOÏAGE

De Bologne, à Gennes, & de Gennes, à Pise, par Sarzana, la Venza, & Massa toujours detriere le Riviere.

Da Bologna, a Genova, per la via di Piacenza, e Tortona, sono Poste 24., e mezza: vedi il num. 16.	De Bologne, à Gennes, par Plaïsence, & Tortone, il y a 24. Postes, & demi, vois le nombre 16.
Da Genova, a Recco.	De Gennes, à Recco. p. 2.
Da Recco, a Rapallo.	De Recco, à Rapallo. p. 1.
Da Rapallo, a Sestri di Levante.	De Rapallo, à Sestri du Levant. p. 2.
Da Sestri di Levante, a Bracco.	De Sestri, à Bracco. p. 1.
Da Bracco, a Materana.	De Bracco, à Materane. p. 1.
Da Materana, a Borghetto.	De Materane, à Bourguet. p. 1.
Da Borghetto, a Sarzana.	De Bourguet, a Sarzane Ville. p. 3.
Si passa il Fiume Magra, e quando questo Fiume è gonfio, si va dal Borghetto alla Spezia Città, e vi sono Poste due, e dalla Spezia a Sarzana Città, vi sono Poste una.	On passe la Riviere Magra, quand ce Torrent grossit, on va de Bourguet alla Spezia Ville il y a 2. Postes, e de Spezia à Sarzane Ville il y a 1. Poste.
Da Sarzana, a Lavenza Città.	De Sarzane, à la Venze Ville. p. 1.
Da Lavenza, a Massa Città.	De la Venze, a Masse Ville. p. 1.
Da Massa, a Pietra Santa.	De Masse, à Pierre Sainte, p. 1.
Da Pietra Santa, a Viareggio.	De Pierre Saint, à Viaregge. p. 1.
Da Viareggio, alla Torretta.	De Viaregge, a la Tourette. p. 1.
Dalla Torretta, a Pisa Città.	De la Tourette, à Pise Ville. p. 1.
Questo Viaggio, da Genova, a Lerici, quando il Mare è buono, si potrà fare in barca, e ciò per evitare la gran Montagna, essendo un Viaggio lungo, e inusitato.	Ce Voïage de Gennes, à Lerici quand la Mer est in calme, se peut faire en barque, affin d'eviter la grande Montagne, étant un Voïage long, & inusité.
Sono Poste 17. miglia 121.	Il y a 17. Postes: milles 121.

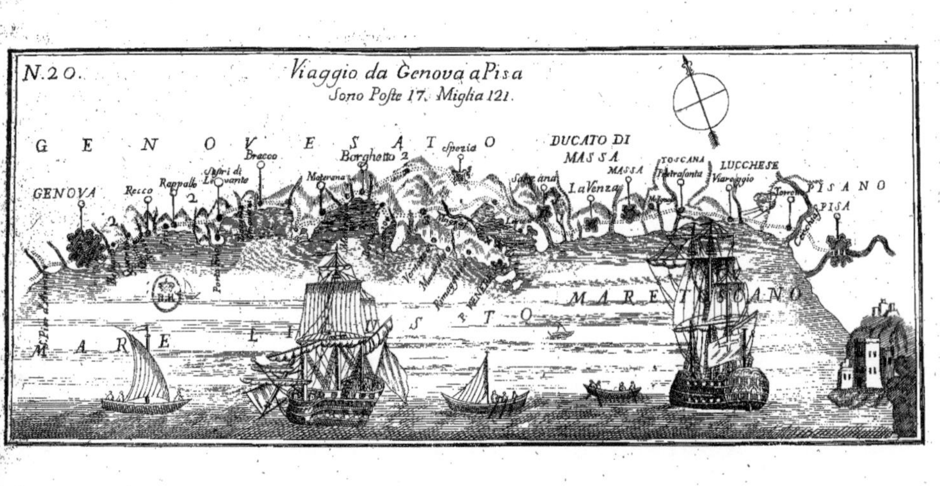

N.20.
Viaggio da Genova a Pisa
Sono Poste 17. Miglia 121.
GENOVESATO
GENOVA
Recco
Rappallo
Sestri di Levante
Bracco
Borghetto
Materana
Spezia
DUCATO DI MASSA
Sarzana
La Venza
MASSA
TOSCANA
Pietrasanta
LUCCHESE
Viareggio
Torre
PISANO
PISA
MARE LIGUSTICO
MARE TOSCANO

VIAGGIO

Da Bologna, a Brescia, per la via di Parma, Piacenza, Tortona, Pavìa, Lodi, e Crema, e da Tortona, a Genova,

Num. 21.

VOÏAGE

De Bologne, à Brescia, par Parme, Plaisance, Tortone, Pavìe, Lodi, & Cremme, & de Tortone, à Gennes.

Da Bologna, a Tortona, sono Poste 17., vedi il num. 16.	De Bologne, a Tortone, il y a 17. Postes, vois le nombre 16.
Da Tortona, a Voghera,	De Tortone, à Voghera Ville. p. 1. &demi.
Da Voghera, a Pavia.	De Voghera, à Pavie Ville. p. 2.
Da Pavia, a Lodi.	De Pavie, à Lodi Ville. p. 1. &demi.
Da Lodi, a Crema.	De Lodi, à Creme Ville. p. 1.
Da Crema, a Orcinovi.	De Creme, à Orcinovi. p. 1. &demi.
Da Orcinovi, a Brescia.	De Orcinovi, à Bresse Ville. p. 2.
Sono Poste 9., e mezza.	Il y a 9. Postes: & demi.
Da Tortona, a Genova.	**De Tortone, à Gennes.**
Da Tortone, a Novi.	De Tortone, a Novi. p. 2.
Da Novi, a Voltaggio.	De Novi, à Voltaggio. p. 2.
Qui si passa una Catena, e si para Paoli due per ogni Sedia da due ruote.	Ici on passe une Chaine, & on paie deux Paules pour chaque chaise de deux roües.
Da Voltaggio, a Campomarrone.	De Voltaggio, à Campomarrone. p. 2.
Da Campomarrone, a Genova.	De Campomarrone, à Gennes. p. 1. &demi.
Sono Poste 7., e mezza.	Il y a 7. Postes, & demi.

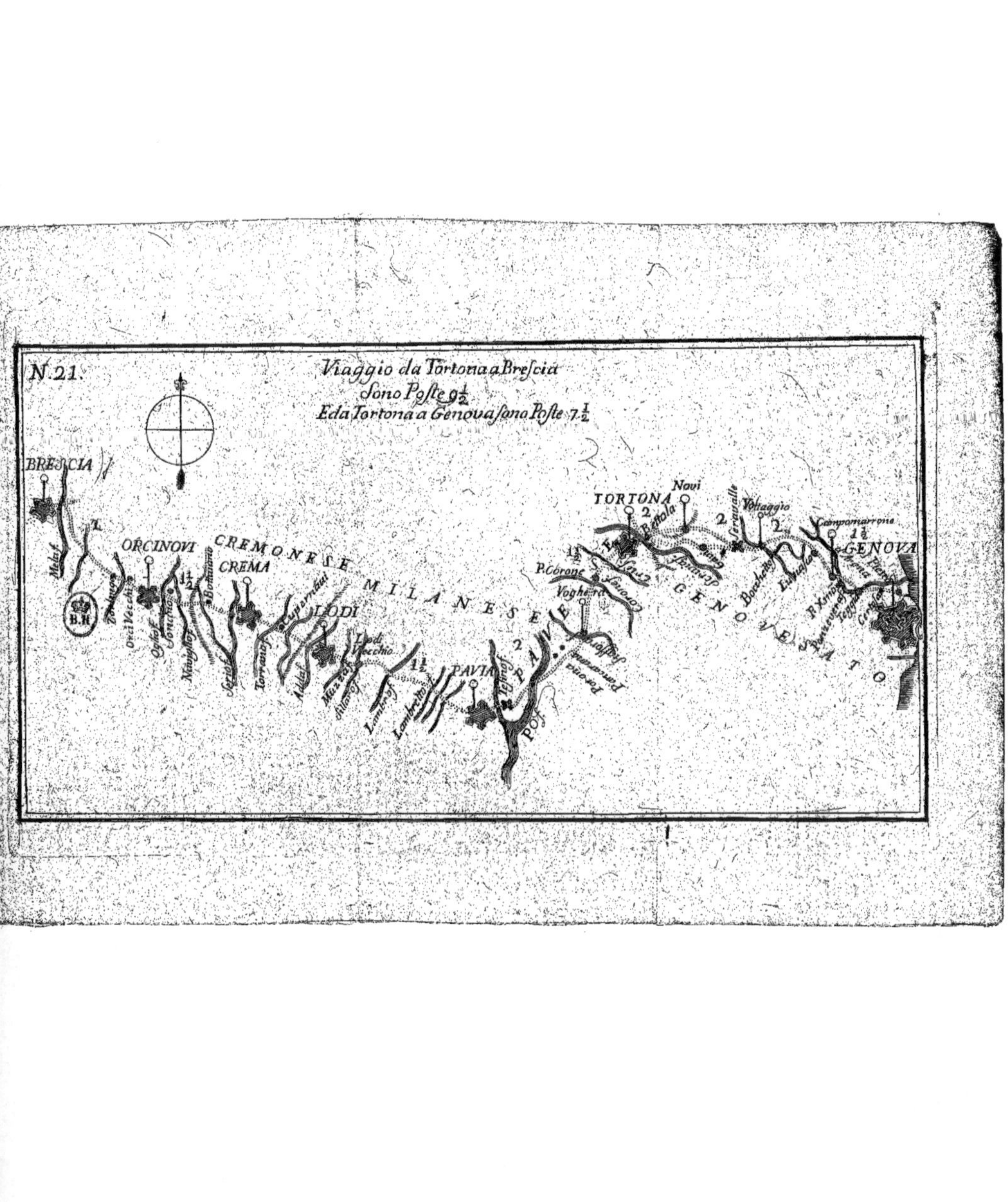

N.21.
Viaggio da Tortona a Brescia
Sono Poste 9½
E da Tortona a Genova sono Poste 7½
BRESCIA
B.R.
ORCINOVI
CREMA
CREMONESE
MILANESE
LODI
Lodi Vecchio
PAVIA
PAVESE
TORTONA
Novi
Bettola
Serravalle
Voltaggio
Campomarrone
GENOVA
GENOVESATO
P.Corone
Voghera
2
2
2
1½
1½
1½
2

VIAGGIO

**Da Bologna, a Venezia,
per la via di Ferrara,
Rovigo, e Padova.**

VOÏAGE

**De Bologne, à Venise,
par Ferrare, Rovigo,
& Padoue,**

Da Bologna, a Venezia.	De Bologne, à Venise.
Da Bologna, a S. Giorgio.	De Bologne, à Saint George. p. 1. &demi.
Si paßa il Naviglio Fiume sul Ponte, e si paga un Paolo per ogni Sedia da due ruote.	On passe la Riviere Naviglio sur le Pont, & on paie 1. Paule pour chaque chaise a deux roües.
Da S. Giorgio, a Cento Città.	De Saint George, à Cento Ville. p. 1.
Si paßa il Reno Fiume in barca, e si paga,	On passe Reno le Fleuve en barque, & on paie.
Da Cento, a S. Carlo.	De Cento, à S. Charles.
Da S. Carlo, a Ferrara Città.	De S. Charles, à Ferrare Ville. p. 1. &demi.
Si paßa l'Adice, e Pò Fiumi in barca, e si pa a Paoli uno per ciascheduno per ogni Sedia da due ruote.	On passe l'Adice, & le Fleuve Pò en barque, & on paie un Paule pour chaque chaise a deux roües.
Da Ferrara, a Rovigo Città.	De Ferrare, a Rovigo Ville. p. 2.
Da Rovigo, a Monselese.	De Rovigo à Monselese. p. 2.
Da Monselese, a Padova Città.	De Monselese, à Padoüe Ville. p. 1. &demi.
Da Padova, al Dolo.	De Padoüe, al Dolo. p. 1. &demi.
Dal Dolo, a Fusina.	Du Dolo, à Fusine. p. . &demi.
Da Fusina, a Venezia si va in barca, e vi sono miglia 5.	De Fusine, à Venise on y va en barque, e il y a 5. milles.
Sono Poste 13., e mezza: miglia 115.	Il y a 13. Postes, & demi: milles 115.

Avvertendo che le due Poste da Ferrara, a Rovigo si devono pagare Paoli 15. per Posta, e nel ritornare addietro le due Poste da Rovigo, a Ferrara, si pagheranno per Poste 2., e mezza secondo la Tariffa di detto Stato.

Il faut observer que les deux Postes de Ferrare, & Rovigo, on doit les paier Paules 15. pour chaque Poste, & au retour les deux Postes de Rovigo, à Ferrare, on paie par Poste 2., & demi suivant le Tarif du dit Etât.

Questo viaggio si può fare tutto per Acqua, essendovi due Corrieri, che partono tutte le Settimane.

Ce Voïage se peut faire toute par Eaux aiant deux Courrier qui partent toute les Semains.

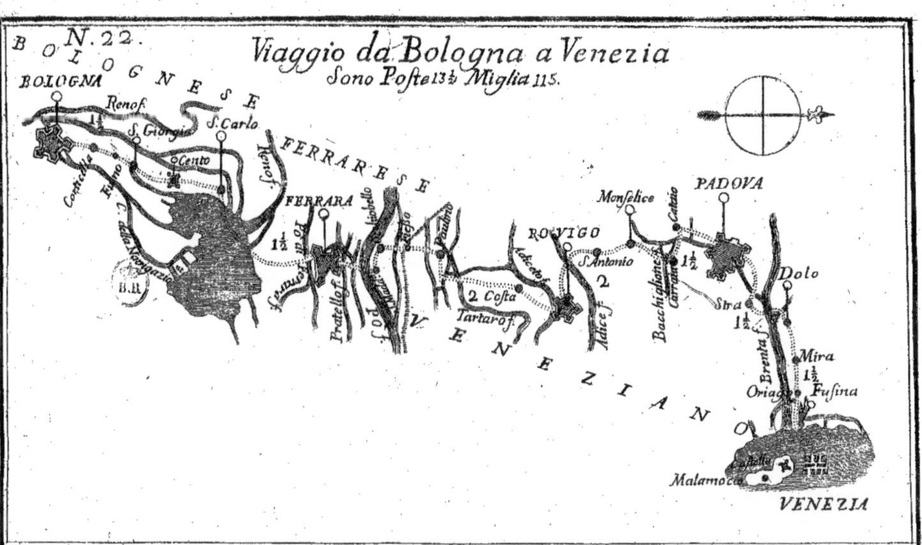

N. 22.
BOLOGNESE
Viaggio da Bologna a Venezia
Sono Poste 13½ Miglia 115.
BOLOGNA
Renof.
S. Giorgio
S. Carlo
Corticella
Cento
Ferro
C. della Navigazione
B.R.
FERRARA
Renof.
FERRARESE
1½
Fossa di Po
Prato Tosta
Po di Mara
Stellata
Rejo
Poulmo
Isabello
Adicetto
2 Costa
Tartaro f.
ROVIGO
S. Antonio
Adice f.
Monselice
Catajo
PADOVA
Bacchighone f.
Carrara
1½
VENEZIANO
Stra
1½
Dolo
Brenta f.
Mira
1½
Oriago
Fusina
Malamocca
VENEZIA

VIAGGIO

Da Bologna, a Venezia,
e da Venezia, a Rimi-
no, per la via di Chioz-
za, e Ravenna.

Num. 23.

VOÏAGE

De Bologne, à Venise,
& de Venise, à Rimi-
no, par Chiozza, &
Ravenne,

Da Bologna, a Venezia, sono Poste 13., e mezza, vedi il num. 22.

Da Venezia, a Chiozza si va in barca a piacere, e per ordinario si prende una Peotta, e si fa il Viaggio in tre ore.
Da Chiozza alle Fornaci.

Si passano tre Bocche in barca de' Fiumi, che si uniscono assieme, e sono il Pò, l'Adice, e la Brenta, poi si ripassa l'Adice in barca.

Dalle Fornaci, alla Mesola.
Si passa il Pò grande Fiume in barca.
Da Mesola, a Goro.
Si passa un altro ramo del Pò in barca.
Si passa il Fiume Pomposa in barca.

Da Goro Volano, a Magna Vacca.
Si passa un ramo di Valle in barca.
Da Magna Vacca, a Primaro.

Si passa altro Ramo di Valle in barca. Vicino alla Posta, si passa altra Bocca di Fiume in barca, poi si passa il Catenaccio Fiume molte volte in barca, e molte a guazzo.

Da Primaro, a Ravenna.
Da Ravenna, al Savio.
Dal Savio, al Cesenatico.
Dal Cesenatico, a Rimino.
Sono Poste 15. miglia 122.
Viaggio che fa il Corriere di Venezia, che va a Roma.

De Bologne, à Venise, il y a 13. Postes, & demi, vois le nombre 22.

De Venise, à Chiozza, on va en barque a plaisir, & pour l'ordinaire on prend une Peotte, ou Brigantin, & on fait le Voïage en trois heures
De Chiozza, aux Fournaises. p. 2.
On passe trois embouchures de Fleuves en barque, quï se joignents:ces sont le Pò, l'Adige,& la Brenta, & aprés on repasse l'Adige en barque.
Des Fournaises,à Mesola.p. 2.
On passe le Fleuve Pò grand en barque.
De la Mesola, à Goro. p. 2.
On passe un autre bras du Pò en barque.
On passe encore la Riviere Pomposa en barque.
De Goro Volano, à Magna Vacca. p. 2.
On passe un bras de marais en barque.
De Magna Vacca, à Primaro. p. 2.
On passe un autre bras de marais en barque. Auprés de la Poste on passe une autre embouchure de Riviere en barque,& après la Riviere Catenaccio plusieurs fois en barque, & d'autre fois au guet.
De Primaro,à Ravenne. p. 1.
De Ravenne, au Savio. p. 1.
Du Savio,au Cesenatique.p.1.
Du Cesenatique,à Rimino.p.2.
Il y a 15. Postes, milles 122.
Voïage, que fait le Courrier de Venise qui và a Rome.

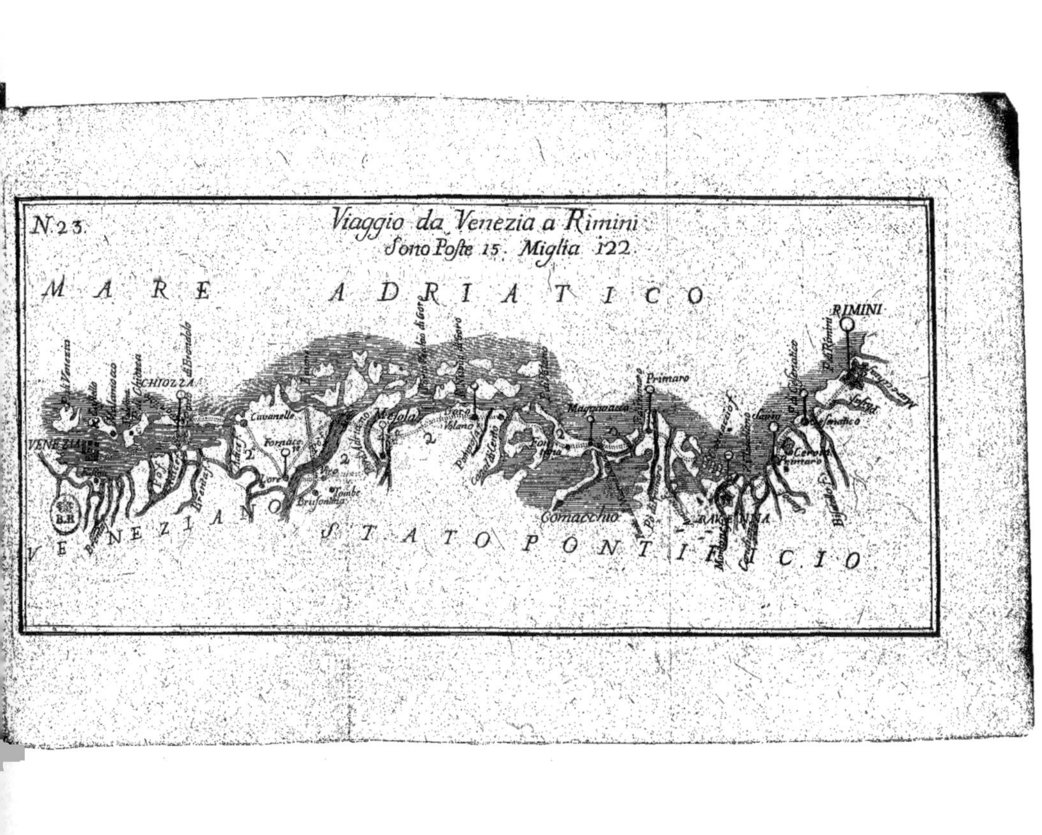

N.23.
Viaggio da Venezia a Rimini
Sono Poste 15. Miglia 122.
MARE ADRIATICO
RIMINI
CHIOZZA
VENEZIA
Cavanelle
Fornace
Mejola
Primaro
Magnavacca
Comacchio
RAVENNA
STATO PONTIFICIO
VENEZIANO

VIAGGIO

Da Bologna, a Venezia, e da Venezia, a Trieste, per la via di Treviso, Palma nova, e Gorizia.

Num. 24.

VOÏAGE

Da Bologne, à Venise, & de Venise, à Trieste, par Trevise, Palma nova, & Gorizia.

Da Bologna, a Venezia, sono Poste 13., e mezza, vedi il num. 22.	De Bologne, a Venise, il y a 13. Postes, & demi, vois le nombre 22.
Da Venezia, a Mestre si va in barca, e vi sono miglia 5.	De Venise, à Mestre, on y va en barque, & il y a 5. milles.
Da Mestre, a Treviso Città.	De Mestre, à Trévise Ville. p. 1.&demi.
Da Treviso, a Conegliano.	De Trévise, à Conéglia-ne. p. 1.&demi.
Si passa la Pieve Fiume in barca, e si paga.	On passe la Riviere Pieve en Barque, & on paie.
Da Conegliano, a Sacil.	De Conégliane, à Sa-cil. p. 1.
Da Sacil, a Pordenon.	De Sacil, à Pordenon. p. 1.
Da Pordenon, a Codroipo.	De Pordenon, à Codroi-pe. p. 2.
Da Codroipo, a Palma nova.	De Codroipe, à Palma nova. p. 2.
Da Palma nova, a Gorizia Castello forte.	De Palma nova, à Go-rice Chateau fort. p. 2.
Da Gorizia, a Trieste Città della Germania.	De Gorice, à Trieste Vil-le d'Alemagne. p. 3.
Sono Poste 14., miglia 119.	Il y a 14. Postes, milles 119.

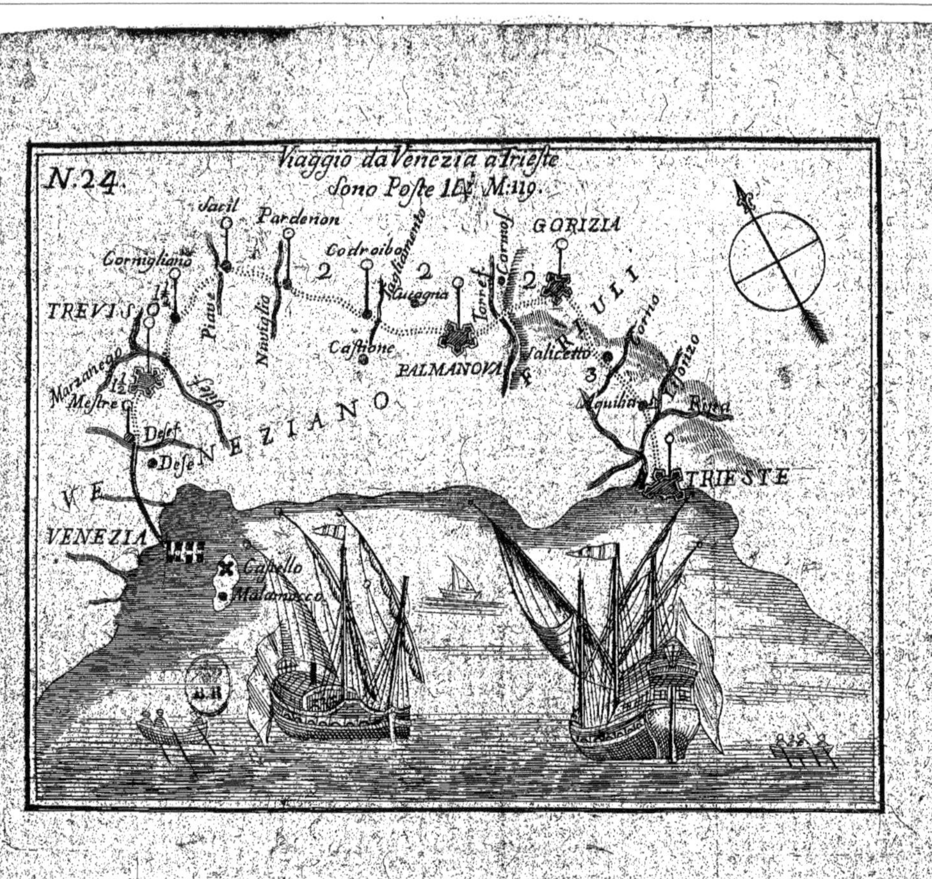

N. 24.
Viaggio da Venezia a Trieste
Sono Poste 14. M. 119.
Sacil
Pardenon
Cornigliano
Codroibo
GORIZIA
TREVIS
2
2
Piave
Naviglia
Guagnia
2
Torre
FRIULI
Castione
Salicetto
Marzanego
PALMANOVA
3
Mestre
Fonti
Aguilia
Fiera
Def.
Dese
VE
NEZIANO
VE
TRIESTE
VENEZIA
Capello
Malamoco

9 782019 967093